超完璧な
伝え方

4代目バチェラー
ミラーフィット株式会社代表取締役
黄皓

ダイヤモンド社

はじめに

自分の考えていることが、うまく人に伝えられない。

この本を手にとってくださったあなたは、そんなふうに悩んだことがあるのではないでしょうか？

安心してください！

その悩みこそ、「超完璧な伝え方」への第一歩をすでに踏み出している証拠です。

この本でお伝えする「超完璧な伝え方」に必要な要素は、たった3つしかありません。

①コミュニケーションに悩む臆病さ

②相手のことを考える想像力

③コミュニケーションで達成したい目的

この3つさえあれば、どんな人に対してもあなたの考えを100%伝えることができるようになります。

その結果、誰とでもよい関係を築き、人を動かすことが可能となるのです。

ペラペラと話す喋りのうまさや、豊富な語彙力は全く必要ありません。

一番大切なのは、人と話すときに臆病になれるかどうかです。

その臆病さこそ、あなたの心の奥底にある「人間関係をもっとよくしていきたい」という思いの表れです。

きっと、あなたはこれまで様々な努力をされてきたと思います。

相手のことを思いやりながら、自分の伝え方に慢心せず、「もっとうまくコミュニケーションができるようになりたい」と改善を目指してこられたのではないでしょうか。

まずは、ぜひ自分で自分を褒めてあげてください。

この本でお伝えする「超完璧な伝え方」をこれから身につけていただくことで、あなたが重ねてきた努力は必ず報われます。

超完璧な伝え方とは何か

「超完璧な伝え方」とは、コミュニケーションの幅を広げることにより、自分の目的を達成するために相手を動かす技術です。

何も考えずに、思いついたまま喋るだけでは、コミュニケーションは不完全になってしまいます。とくに日常の些細なコミュニケーションほど、雑になりがちです。

朝起きて「おはよう」と家族に挨拶する一言にも「何のために挨拶するのか」を考える。それが「超完璧な伝え方」の基本です。

それは決して、難しいことではありません。

「朝、おはようと挨拶することで、家族も機嫌がよくなり、一緒にいる自分もいい気分で過ごすことができる」

これも、「おはよう」と言うことで達成される立派な目的です。

詳しくは本文でお伝えしていきますが、このちょっとした意識の違い、ほんの少し

の心がけを持つことで、あなたの人生はどんどん豊かになっていきます。

臆病だからこそ完璧なコミュニケーションを考え抜けた

私はコミュニケーションについて特別な訓練を受けたこともなければ、学術的に研究をしてきたわけでもありません。

多くの方と同じようにコミュニケーションで何度も悩み、失敗を重ねてきました。

私自身、どちらかというと臆病な性格だと自覚しています。

そんな私が、なぜこの本を書くことになったのか。

大きな理由は、婚活リアリティー番組である「バチェロレッテ・ジャパン」（以下「バチェロレッテ」）と「バチェラー・ジャパン　シーズン4」（以下「バチェラー4」）に参加したことです。

この2つの番組に参加することで**普通の人生では経験できないほどのコミュニケー**

ションに対する恐怖を感じ、その結果どんな人よりも圧倒的に考え抜くことができたからです。

「バチェロレッテ」は「一人の独身女性を、職業、年齢、容姿、性格もさまざまな17人の男性が奪い合う婚活サバイバル」番組です。限られた時間のなかで思いを相手に伝え、17名のなかからパートナーとして自分を選んでもらう必要がありました。

「バチェラー4」では立場が逆転し、17名の女性のなかから、一人をパートナーとして私が選ぶことになりました。台本が存在しないリアリティーショーでは、目の前の相手に対して100%全力で接しながら、他のメンバーとの関係についても考えなければなりません。相手を選んだ理由、選ばなかった理由を言語化し、最後に伝える必要があるからです。

さらに、自分のコミュニケーションは番組を通じて不特定多数の視聴者の方にも見られています。そしてもちろん、配信サイトでは半永久的に残り続けるのです。

この時期ほど、コミュニケーションについて悩み、苦しむという経験をしたことはありません。

しかし、そのような状況のなかでも自分のまわりにいるあらゆる傾向の人々のことを考え、どうすれば完璧なコミュニケーションができるのかを模索し、実践を続けました。

その結果、**私の立ち振る舞いや会話について、「とにかく完璧！」と番組MCを務めた芸能人の方をはじめ多くの人に共感してもらうことができたのです。**

ありがたいことに、番組が終了してからも多数のメディアに出演させていただき、SNSをフォローしてくださる方も増え続けています。個人で運営するSNSを合計した月間のインプレッション数は最大で1億を超えるまでになりました。

そして現在、私は3つの会社を経営しています。日本人ではない私が、異国の地で成果を出すためには、高いコミュニケーション能力が必要不可欠です。

ビジネスにおける伝え方でも努力を重ね続けた結果、200人以上を束ねる経営者として社員のモチベーションを高めながら、取引先や投資家との関係も構築し、国境を超えて事業も拡大させることができています。

それもすべて、「超完璧な伝え方」を実践しているおかげです。

同じ言葉でも人によって反応が異なる不安

私がコミュニケーションにこだわるのは、中国人として生まれながら日本の小学校に一時期通っていたことがきっかけです。

小学生のとき、私は中国と日本の間で何度も転校をくり返しました。とくに、はじめて日本の小学校に転校したときは、日本に来たばかりの私が発する一言一言で、相手の表情がどう変化するのかが全くわかりませんでした。

何気なく喋っただけなのに「うん？」と怪訝そうな顔をされる。そのたびに、すごく不安な気持ちになるのです。

笑ってくれたときは「あ、今のコミュニケーションは喜んでくれるんだ」とホッとします。でも、同じ言葉を別の人に投げたら「え？」と変な目で見られることもあ

る。この経験がすごく怖かったんです。


みなさんが普段とくに意識せずに行うことができる日本人同士のコミュニケーションに対して、別の国から来た私は「気軽じゃないもの」として取り組み続けました。

この経験によって、相手の表情を読むことに敏感になり、自分の真意が伝わり切っているかどうかにも繊細になったのです。

「伝わらない人」との関係をあきらめない

「人によって受け取り方が違う」。

それを実感する一番の思い出は、転校したときの自己紹介です。

小学生にとって、人前で自分を主張する機会など滅多にありません。

しかし、自己紹介だけは逃れられないのです。

「はじめまして。黄皓《こうこう》です」と、ただ自分の名前を言うだけなのに、人生で一番怖い瞬間でした。

クスクス笑う人もいれば、無視して本を読む人もいます。「へーっ、黄くんって言うんだ」とニコニコしながら見てくれる人もいれば、教室の後ろから睨みつけてくる人もいました。

教壇の上から見た40人バラバラの表情は、今でも覚えています。

「自分は一つの言葉しか発信していないのに、受け取り方にこんなに差があるんだ」と感じた私の原体験です。

そして、受け取り方が人によって違うのであれば、それぞれの人に投げる言葉や伝え方を変えるべきだと感じました。

私の話を聞いてくれる人と、私に対立してくる人に投げる言葉は変えたほうがいいと思ったのです。

もちろん相手の反発を無視して「自分は自分だから」とワンパターンで喋ることも可能です。

しかし、それは自分も損をしてしまいます。伝え方を変えない限り、対立する人とはずっとコミュニケーションができないままになってしまうのです。「自分を出す」ためには「自分を受け入れない人との関係を切り捨てる」覚悟が伴います。

今後もコミュニケーションを取ることが避けられないクラスメイトのなかで、最初から「伝わらない人」を切り捨ててしまっていいのか。それはもったいないと、私は思ったのです。

人間関係を自分で決める選択肢を持つ

最初から「苦手だな」と感じた人や、「この人、話を聞いてないな」と思った人を切り捨てたくなる気持ちもたしかにわかります。

それを否定するつもりはありません。そういう生き方もかっこいいと思います。

しかし、色々な人の相談を聞いていると、人間関係で悩んでいることが非常に多くあります。人生には、切り捨てられない人間関係がどうしても生まれるからです。

苦手な人を切り捨てるのではなく、あえて一歩踏み込んでコミュニケーションを取ってみる。

もしかすると、後ろの席から睨みつけていたクラスメイトとも、すごくいい友達になれるかもしれません。

コミュニケーションの幅を広げることで「相手を切り捨ててもいいし、切り捨てなくてもいい」という選択肢を自分で持つことができます。

つまり、**主体的に人間関係を選べるようになるのです。**

苦手な人との関係さえ人生のプラスにする

会社に所属していると、苦手な人とも一緒に仕事をしなければなりません。

コミュニケーションにおいて投げられる球種を増やし、選択の幅を広げておけば、誰とでも円滑な人間関係を築くことができます。

苦手な人との関係でさえ、あなたの人生にとってプラスの要素にできるのです。

その結果、あらゆる場面であなたの目的を叶え、得する機会が増えていきます。

それを実現するのが「超完璧な伝え方」です。

社会に生きている私たちは、どんなに頑張っても自分一人では幸せになれません。自分だけで何とかしようとするのではなく、まわりにいる人たちを動かすことができれば、あなたの人生はより豊かになっていきます。

伝え方を変えれば、人生は変わるのです。

この本では、私がいままで培ってきたコミュニケーションの基盤となる考え方と、実践的なテクニックを出し惜しみすることなくお伝えします。

本書が、あなたの人生のお役に立てば幸いです。

超完璧な伝え方
CONTENTS

第2章

超完璧に伝える基本「下地づくり」と「3ステップ＋α」

第3章
あらゆる場面ですぐに使える超完璧な話し方「13の超技術」

第4章
誰とでも超完璧なコミュニケーションを実現する「7つの幅」

第5章 超完璧な「メール・LINE・SNS」のテクニック

第1章

超完璧にうまくいく伝え方の大前提

01

「八方美人」が最強のコミュニケーションである

コミュニケーションをはじめる前に知っておいてほしいこと

コミュニケーションは一人ではできません。そして、あなたの発する言葉は相手によって受け取り方が異なります。もし、コミュニケーションがワンパターンになってしまうと、あなたの伝えたいことを取りこぼしてしまう人も必ず出てきてしまうのです。

第1章では、コミュニケーションをするときにぜひ大切にしていただきたい大前提を紹介します。

自分の言葉をぶつけるのは思考停止

世の中では、「自分を持て」とか「自分の素直な言葉をぶつけなさい」とよく言われます。

この考え自体が間違っているとは思いません。

ただ、解釈を間違えてしまう人はいるように思います。

「とにかく自分を表現しなければ！」と思い込んでしまうと、**相手のことを考えず、身勝手に喋ることになりがちです。それでは、ただの思考停止になってしまいます。**

私はかつて、Instagramにこのような投稿をしたことがあります。

「相手や状況に合わせてどう表現すれば思いが伝わるのか一生懸命考えて、振る舞うことが『自分を出す』と言うことだと思います。

それは表裏があるんじゃなくて、むしろ表裏一体であり、人によって対応を変えられる表現の幅があることは決して悪いことじゃないです。

日本では八方美人は悪いように捉えられますが、全方向に気が使えて、それだけ人としての幅を持ってると言うことは素晴らしいことだと思います」

私のコミュニケーションに対する哲学は、このときから変わっていません。

自分の意見や思いを持ち続けながら、それを「相手に完璧に伝える努力」をする必要があるのです。

コミュニケーションの歩留《ぶど》まりをなくす

コミュニケーションに齟齬《そご》があることを、私は「歩留まり」でイメージしています。歩留まりとは、「原材料に対する完成品の割合」のことです。

たとえば、スマホの本体に使われているステンレスはステンレスの塊《かたまり》から削り出してつくられています。もともとのステンレスの塊が100gだったとして、ケースの形に削ったら80gとなった場合、歩留まりは80%です。

コミュニケーションの歩留まり

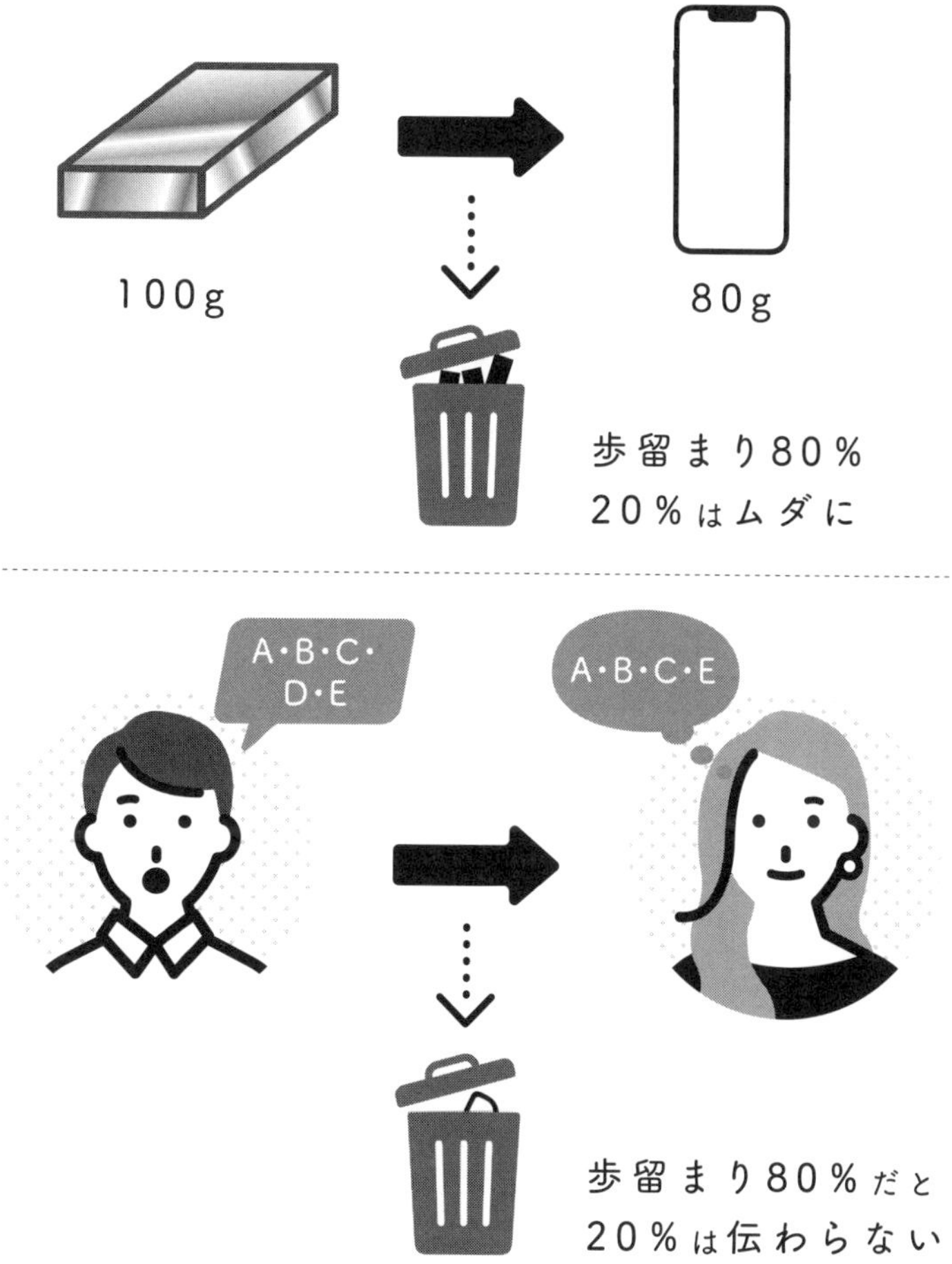

逆に言うと、削ってなくなった20g、つまり20％は無駄になっています。

その分、余計なコストもかかるし、もったいないですよね。

「超完璧な伝え方」で目指すのは、コミュニケーションにおける歩留まりを100％にすること。つまり、「相手に伝わらない」部分をなくすことです。

「八方美人」で自分も相手も心地よい状態になる

「超完璧な伝え方」が目指すのは「八方美人」になることです。


「はじめに」でお伝えしたように、私は昔から、人と接することが怖いと感じていました。

その恐怖から逃れるために「自分と対峙している人が、どうすれば心地よい状態になれるか」を考え抜いてきたのです。

そして**「みんなに好かれることでコミュニケーションは円滑になるし、結果として自分自身も心地がよくなる」**と自覚しました。

それからは頭を回転させ、表情を読み取り、相手の動きや声のトーンまでも敏感に察知しながら、みんなが心地よくなれるように自分のコミュニケーションを調整するようになったのです。

「お前、八方美人だな」とはじめて言われたのは高校生のときでした。

最初、私は嬉《うれ》しかったんです。

「ようやく、僕の頑張りに気づいてもらえた！」と素直に喜びました。

でも、八方美人は悪い意味の言葉だと知って、悲しくなりました。

みんなを心地よくするための努力が、否定されたように感じたのです。

それから「八方美人だね」とか「要領がいいね」と言われることが、すごく悔しくなりました。

しかし大人になるにつれ、自分に対して**「いや、僕は間違っていない。ちゃんと努力してコミュニケーションを取っているし、やりとりを円滑にするために様々な取り組みをしている。だから、何もしていないやつより、すごいんだ」**と認識を改めました。

そして、自分で自分を勇気づけるために「八方美人」を褒め言葉として捉えるようになったのです。

超完璧な「八方美人」は嘘をつかない

「八方美人」は「人によって態度を変える人間」という意味で使われることが多いと感じます。

Aさんの前ではBさんの悪口を言い、Bさんの前ではAさんの悪口を言う。それぞれに嘘をつく人のようなイメージです。

しかし、私がこの本で勧める「八方美人」は違います。

自分の信念を曲げるのではなく、コミュニケーションを工夫することで、八方向のあらゆる人に信念を伝えられる人。それが目指すべき八方美人の姿です。

自分を捨てる必要はありません。必要なのは、あなたの目的を叶えるための幅の広いコミュニケーションスキルです。

「一方美人」が取りこぼす七方向をカバーできる

私の八方美人の原点には父親の影響があります。

父は、私とは対照的な人間です。自分の好きな人としかつるまないし、自分の言葉でしか話さない。「俺はこうだから」という頑固親父で、いわば「一方美人」です。その父を私はずっと見て育ってきました。もちろん、かっこよくて尊敬する父親です。

そんな父のコミュニケーションが幼い頃は怖いと感じる瞬間もありました。

他人に対して「何でそんなこと言っちゃうの？」と思う場面があったのです。経営者である父に会いに来たお客さんの表情も強張ってしまいます。親戚と会ったときも「またずっと一人で喋って」と思われてしまう。一方美人の父を見ていて、私はすごくハラハラしていたんです。「うちの親父が嫌われるんじゃないか」とか、友達に「怖いと思われるんじゃないか」と、いつも不安でした。

だから私は、父の一方美人に対し「残り七方向」をカバーするようになったのです。「言い方はきついけど、うちのお父さんは、こういう意味で言ってるんだよ」とか、「ちょっとお父さん、そんなに喋っちゃって。次は○○さんの話を聞こうよ」と、父のコミュニケーションの間に入っていくようになりました。

これが私の八方美人の原点です。

「一方美人」は特定の人と深い関係をつくる

もちろん一方美人の父親はとても尊敬しています。

20年、30年経っても父と交流のある人たちには「君のお父さんは本当にきつい人間だね。でも、それだけ信用できる。お父さんのコミュニケーションには嘘がない。僕たちは本当に信じているんだ」と言ってくれる人がたくさんいるからです。「親父ってすごいんだな」と感じます。

私が八方美人だからこそ、大人になって気づいた一方美人のすごさです。

「八方美人」は目的達成までストレスフリー

一方で、八方美人の私が手に入れたものは何か。

それは、**相手に合わせて適切なコミュニケーションを選択することで、自分の目的をよりラクに達成できるようになったことです。**

自分で事業を行っていると、1日あたりに接する人数も多ければ、接する人たちのタイプも様々です。接する人が多く、多種多様になればなるほど、コミュニケーションの幅の広さが有利に働きます。

また、「バチェロレッテ」でも「バチェラー4」の旅でも、挫折はありましたが、親友や真実の愛を見つけ、多くの視聴者の方から共感を得られました。

それは、私が「八方美人」のコミュニケーションを貫いた結果です。

だからこそ「八方美人」は間違っていないと胸を張って言えます。

もし「八方美人」とか「要領がいい」とか「あざとい」などと言われて悩んでいる方がいたら、どうか堂々としてください。

一方美人と八方美人

一方美人

自分に合う人と
深い関係を
築ける

八方美人

多様な人と
うまく
コミュニケーション
が取れる

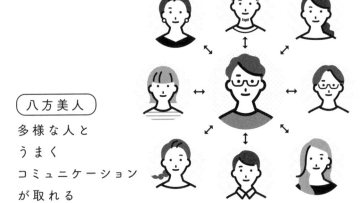

あなたは、何も間違っていません。

相手に合わせたコミュニケーションができる人は、努力している人なのです。

コミュニケーションに必要なのは、自己犠牲ではなくテクニック

「一方美人で突き抜けてます」という人ではないかぎり、やはりどこか「人に歩み寄ってうまくやっていきたい」という気持ちがあると思います。

だからこそ、コミュニケーションで悩むのです。

私は父のように強い発言をすることはできません。それでも「超完璧な伝え方」を身につけることで父よりもうまく人とつき合うことができ、自分の目的を達成しながらストレスフリーに生きてくることができました。

コミュニケーションに対する悩みや苦手意識は、よりよい人間関係を築きたいという思いの裏返しです。

そして、その思いが根底にあれば、誰でも八方美人の「超完璧な伝え方」を身につ

けることができます。

必要なのは自己犠牲ではなく、簡単なテクニックです。

また、「もしかすると自分は一方美人かもしれない」と思った方も、自分を否定する必要は全くありません。「超完璧な伝え方」を身につけることで、八方向をカバーしながら今まで自分が得意としてきたコミュニケーションを強力な武器として活用できるからです。

もしかすると「ちょっとずる賢いコミュニケーション術」に感じるかもしれませんが、「誰とでも合わせられるカメレオン術」だと思って、ぜひ読み進めてください。

超完璧な伝え方のコツ 01

あらゆる相手に合わせて伝え方を変えられる「八方美人」を目指す

02 なぜ、うまく伝わらないのか？
――コミュニケーションが苦手な人の4つの特徴

①人の話を聞いていない

コミュニケーションの大前提を知るために、コミュニケーションが苦手な人の特徴について考えてみましょう。

まず一番よくないのは、「人の話を聞いていない人」です。

他人が喋っている途中なのに、「それでさあ」と割り込んでくる人。自分のしたい話しかしない人。そのような人は、喋ることが好きなので、自分ではコミュニケーション上手だと思っていることが多々あります。

しかし、**どれほど色々な話ができたとしても、相手が受け取りづらい話では意味がありません。**手当たり次第にとにかく言葉を投げて、相手が求めていないことばかり喋っても、全く伝わらないのです。

会話の中で相手のニーズを探り情報を選択するためにも、人の話を聞くことがコミュニケーションの大前提となります。

②「言葉以外のコミュニケーション」を意識していない

コミュニケーションが苦手な人の特徴その2は、「ノンバーバルコミュニケーション（言葉以外のコミュニケーション）」を意識していないことです。

たとえば、メールやチャットではうまくコミュニケーションができるのに、対面で喋ると会話がぎこちなくなってしまう人が当てはまります。

「喋る」とは「肺から空気を出して声帯を振動させる」ことではありません。

声を出す音の大きさ、テンポ、抑揚、さらに目線の向け方、手の動き一つひとつ。すべての動きを含めて「喋る」だと考えてください。

さらに、相手や場の雰囲気、周囲の環境によって、それぞれの要素は毎回変えなければいけません。

せっかく言葉にしても、言葉以外の部分で相手にうまく伝わらないのは、もったいないことです。

本書ではノンバーバルコミュニケーションのテクニックも数多く紹介しているので、ぜひ身につけてください。

③「伝えた」と「伝わった」を勘違いしている

コミュニケーションが苦手な人の特徴3つ目は、「伝えた」と「伝わった」を勘違いしてしまうことです。

たとえば、上司が「これ、この前言ったよね」と部下に指摘したときに、「すみません、ちょっと覚えてないです」とか「聞いてなかったです」「思っていたことと違います」と返事をされて「言ったじゃないか！」と叱責することは、よくありますよね。

しかし、**「伝えた（＝自分が喋った）」と、「伝わった（＝相手が理解して受け取った」は全くの別物です。**

相手に「伝わった」かどうかまで、毎回しっかりと確認しなければなりません。それを怠り、言いっぱなしになってしまう人も、コミュニケーションが不得意と言えます。

④ワンパターンのコミュニケーションしかできない

コミュニケーションが苦手な人の特徴４つ目は、ワンパターンのコミュニケーションしかできないことです。つまり、自分の得意なスタイルでしか他人とコミュニケーションを取れない人と言えます。

一つのコミュニケーションに特化すること自体は、その人の特徴や芯の強さが表せるので悪いことではありません。しかし、いつも同じコミュニケーションしかできないと、自分と合わない相手を切り捨てることになってしまいます。

幅の広いコミュニケーションを取っている人と比較すると、相対的に人間関係で損をしてしまうのです。

とはいえ、今のスタイルを否定する必要はありません。コミュニケーションの幅を広げることにより、もともと持っていた得意なスタイルは武器になります。

超完璧な伝え方のコツ 02

相手の話を聞き、伝わったかどうかを確認する

03

コミュニケーションとは目的達成の手段でしかない

コミュニケーションのゴールは相手を動かすこと

どのようなコミュニケーションにも、目的を持つこと。これも重要な大前提です。

そして、あなたの目的を達成するためには相手に何かしらの行動をしてもらう必要があります。

つまり、コミュニケーションのゴールとは「相手を動かすこと」と言えます。

それは相手を支配することや、コントロールすることではありません。

望むのは相手の自発的な行動や心理的な変化です。

そのためにも「相手がどういう状態にあるのか」は常に把握し続けなければなりません。

一番大切なのは相手を理解しようとする気持ち

コミュニケーションが苦手な方の中には、様々な本を読んで、会話のテクニックを学んでいる方もいるでしょう。

たとえば、相手の話を聞くときは「ミラーリング」をしたほうがいいとか、目を見てうなずいたほうがいいなどのテクニックです。

もちろん、それらのテクニックを知り、実際にやってみることはとても大切です。この本でも多くのテクニックを紹介します。

しかし、テクニックを使う前の大前提として**相手を理解しようとする気持ちを持っていなければなりません。**

「準備したことをそのまま喋る」のはNG

相手を理解するとはどういうことでしょうか。

たとえばプレゼンテーションをしているときに、相手が「うーん」という表情をしていたとします。

すると「あ、この話は刺さってないな」と相手の状態がわかるわけです。ところが多くの場合、準備してきたプレゼンテーションがあるので、そのまま話を続けてしまいがちです。

しかし、本来であれば**相手の状態を理解した段階で、何か手を打たなければいけません。**

「何かわかりづらい点がありましたか？」とすぐに質問することが必要です。

そうすると「こういった話は、うちは別に求めてないんだよね」と返ってくるかもしれません。

そこまで確認できると「さきほどの視点ではなく、こういった連携ではどうですかね？」と話の方向性を変えることができます。

自分の目的達成に向けて会話が進んでいるかどうかを、相手に質問を投げたり表情や仕草を見たりすることで常にチェックすることが大切です。

超完璧な伝え方のコツ 03

自分の目的達成に向けて相手の状態を常に把握する

04

「目的達成」のためには「過程」を捨てていい

目指すのは「目的達成」であって「過程」ではない

あなたの目的が達成されるのであれば、手段であるコミュニケーションでは、相手が求めていることを行いましょう。

あくまで、満足するべきは「結果」に対してです。

コミュニケーションという「過程」でも100%の満足を求めると、そもそもの目的が達成できなくなってしまいます。

「円滑なコミュニケーション」だけでは意味がない

過程にこだわりすぎて、目的が叶わなかった経験は私にもあります。

会社員時代のことです。私は色々な上司や先輩たちと連絡を取り合い、様々な人の思惑を把握して、コミュニケーションが円滑になるように細かい努力をしてきました。

ところが、ミスや遅刻ばかりするできない同期のほうが「あいつかわいいな。失敗するのもかわいいな」と、どんどん周りに愛されていくのです。

しまいには先輩に「俺はあいつをサポートしていくから。お前は自分でできるんだから、いいだろ」と言われてしまいました。

私はみんなに好かれたくて努力をしていたのに、結果的には「要領がいいから」と見放される。そして、できないやつほどかわいがられる。そのときは、やっぱり苦しかったです。

本当は、できない同期ではなく、私をかわいいがってほしかったのです。だからこそ、努力してコミュニケーションを重ねてきました。

それなのに、自分が目指した方向とは全く違う結果になってしまったのです。

コミュニケーションを円滑にすること自体は目的になりません。

コミュニケーションの先に何があるのか。自分の目的を叶えるためにどうすればいいのか。そこから逆算することが重要なのです。

超完璧な伝え方のコツ 04

目的達成のために、コミュニケーションの過程は捨ててもいい

05 自分と相手を「同じ」だと思ってはいけない

あなたのコミュニケーションは誰かと比較されている

「バチェロレッテ」でもコミュニケーションについて考える機会がたくさんありました。

男性を選ぶ側の立場で参加しているバチェロレッテの福《ふく》田《だ》萌《もえ》子《こ》さんと2人でいる時間では、私の感情や大切に思っていること、萌子さんへの想いを精一杯表現しました。

当然、次に進みたいと思っている気持ちを全力で伝えたつもりです。

ところが、旅が終わってはじめて番組を見たときに「あ、杉ちゃん（バチェロレッテ参加者の杉田陽平《すぎたようへい》）は萌子さんに『愛してる』って言ってたんだな」とか「ローズ（同じくバチェロレッテ参加者の當間《とうま》ローズ）ってハグまでしてたんだな」とわかり、驚きました。

私の「伝えた」のレベルと、他の人の「伝えた」の濃さが全然違う。

自分のコミュニケーションを他人と比較して見ることではじめて気がついたんです。

「あ、自分のこの伝え方は下手だったんだな」とか「伝わり切ってなかったんだな」と学ぶことが多くありました。

このように誰かと比較して自分を客観視することは、普通はなかなかありません。しかし、実際に相手はあなたのコミュニケーションを誰かと比較しています。

自分のコミュニケーションを客観的に認識しないと、失敗することもあるのです。

「人は自分と違う」という大前提を持つ

コミュニケーションでは「相手と自分は絶対的に違う」という大前提も必ず持ってください。

自分にとっては当たり前のことでも、人によって受け取り方は全く異なります。

相手が何を求めているのか、相手の目的に対して仮説を立てたとしても、それが本当に正しいかどうかは検証しなければわかりません。

自分と相手が同じだと思ってしまうと、「自分にとってはよくても、相手にとってはよくない」コミュニケーションの繰り返しになってしまうのです。

超完璧な伝え方のコツ05

自分の伝え方は誰かと比較されていることを意識する

06

「負けるが勝ち」こそ超完璧なコミュニケーション

コミュニケーションでは6勝4敗を目指す

コミュニケーションは、全部勝たなくていい。これも大前提の一つです。

コミュニケーションにおける勝ち負けは「心の満足度」で決まります。相手との会話に満足できたかどうかという、主観の問題です。

ディベート大会と違って勝ち負けを第三者が判断するわけではありません。

いくら論理的に正しくても、「あなたの言っていることは非常に理《り》にかなっているけれど、私は嫌だ」と言われてしまったら、目的は達成できないのです。

逆に相手を感情的に満足させられれば、「たくさん私の話を聞いてくれて、ありがとう。伝えたいことは全部伝えられたから、あなたの提案を受け入れます」と目的を達成することも可能です。

一番よいのは5勝5敗に見える6勝4敗の状態です。すべてのコミュニケーションで勝とうとすると、相手に負けをつけ不満を抱かせてしまうからです。

相手とよい関係を続けるためには「今日の勝ち負け」にこだわってはいけません。お互い同じくらい勝っている状態が理想です。

そのためには、自分からわざと負ける場面も必要になります。「今日は負けてもいい」「今回はあえて負けておこう」と長期視点でコミュニケーションを捉えてみてください。

お互いに妥協して5勝5敗の引き分けにするのではなく、あくまであなたの目的が達成できるように6勝4敗で勝ち越すようにしましょう。そのうえで、形としては「5勝5敗」にして相手に負けを感じさせないことがポイントになります。

まずは１勝を譲る

たとえば、新規事業の企画を出す会議があったとしましょう。

「どうしようか？　何やりたい？」という段階で、ある人が「俺はこれをやりたい」と提案しました。しかし、それは魅力的な事業には全く思えません。

そのときに「それはいいアイデアじゃないよ」と否定してしまうと、そこで討論がはじまってしまいます。議論に勝つか負けるかになってしまい、アイデアを出すという目的が達成されません。

私はたとえ賛同できない提案に対しても「いいよね！　そのアイデアを思いつくって、すごいよね」とまず褒めます。相手を満足させて最初の１勝を譲るんです。

そのうえで「それもいいし、ちょっとこういう要素を付け加えたらどうかな？」と自分の理想とする方向へ導くような提案をしていきます。

結婚したいときは「自由でもいい」と言う

目的を達成できるのであれば「5勝5敗に見える6勝4敗」でいい。

この考え方は仕事に限らず、プライベートでも使えます。

たとえば結婚について。

相手が「早く結婚したい」と思っていて、あなたは「まだ結婚には早い」と感じていたとします。

そのとき「とにかく早く結婚したい。愛しているなら、すぐ結婚してくれてもいいよね」と責められると、「いやいや、ちょっと待ってよ」と反発したくなりますよね。

一方で、このように言われたらどうでしょうか。

「私は早く結婚したいと思っている。子供も欲しい。でも、あなたはあなたで、仕事にもまだチャレンジしたいだろうし、簡単に踏ん切りのつくものじゃないと思う。結婚する覚悟って、当然大きいと思うから。だから、あと半年はお互い自由のまま、ハッピーに過ごしたい。でも、半年後には私の希望も聞いて、一旦答えを出してくれると嬉しい」

このように話をされると「自分のことも理解してくれているな」と感じませんか。

相手が先に1勝（半年は自由に過ごすこと）を譲ってくれているからです。

それによって「半年後には決めてあげないとな」という意識が自然に芽生えます。

相手に1勝を譲ることで、心理学でいう返報性の原理（相手に何かよいことをしてもらったとき、その人に対してお返しをしたくなる心理的な法則）が働きます。

コミュニケーションを長いスパンで捉え、まずは相手に勝ちを譲る意識を持ってください。

超完璧な伝え方のコツ 06

5勝5敗に見える6勝4敗を目指し、まずは1勝を譲る

07

相手を「いい気分」にさせてから会話を終わらせる

相手に負けを感じさせない工夫

6勝4敗でこちらが勝ち越したときには、相手に負けを感じさせない工夫も必要です。「前回は相手の思う通りになってしまった」と相手に負の感情を抱かせてしまうのは、人間関係を続けていく場合、好ましくありません。

負けを蓄積させないため、最後は相手に「勝ったような気分」を感じてもらいましょう。

たとえば、最終的には相手の提案が通らず、あなたのアイデアが採用されたとします。

そのときに「今日はこういう結果になったけれど、君の提案を聞いていなかったら気づけなかったことがたくさんあった。君の意見がなかったら、こんないい話し合いはできなかった。ありがとう」と最後に伝えておくことがとても重要なのです。

すると、「話し合いの結果で決まったことだし、俺の提案があってこそのアイデアだったんだな」と相手も納得し、最後は相手が勝ったような気分で終わることができます。

相手が満足するような感覚を持たせ、感情面で優位に立たせることがポイントです。

超完璧な伝え方のコツ 07

最後は相手を優位に立たせるような言葉を伝える

第2章

超完璧に伝える基本「下地づくり」と「3ステップ＋α」

08

超完璧な伝え方は、下地が9割

コミュニケーションにも下地が必須

第2章では、「超完璧な伝え方」の基本となる考え方を紹介します。

まずはコミュニケーションに必要な「下地づくり」について説明させてください。

下地をつくらずに化粧をすることが難しいように、下地をつくらないままコミュニケーションをはじめることがすごく怖いと私は思っています。

下地とは「自分の目的を明確にすること」です。

そして目的は、5W1Hに分けて考えることで明確になります。

会話の前に5W1Hを考える

When	いつ	今日の昼
Where	どこで	会社で
Who	誰に	後輩に
What	何を	悩みがないか聞く
Why	なぜ	最近、元気がないから
How	どのように	ランチに誘って雑談しながら

「いつ、どこで、誰に、何を、なぜ、どのように」伝えるのか。
それを考えてからコミュニケーションをスタートさせるのです。

5W1Hは、仕事での大切なプレゼンテーションや、好きな人への告白、パートナーへのプロポーズなど、重要なコミュニケーションになるほど意識されます。

しかし、日常の些細なコミュニケーションでは無視されがちです。

朝起きて、家族に「おはよう」と言うとき、普通は目的なんて考えませんよね。

しかし、「はじめに」でもお伝えしたように、すべてのコミュニケーションには目的があるべきなのです。

自分と相手の目的を5W1Hで把握する

さらに言えば、自分に5W1Hがあるのと同じように、相手にも5W1Hが存在します。

最初は相手も5W1Hを意識していないかもしれません。しかし、話が進んでいくにつれて会話の目的を意識するタイミングが必ず訪れます。

たとえば、あなたが何かを提案をして、相手が「イエスかノー」を回答するタイミングでは「なぜイエスなのか」を相手も意識するでしょう。

なかなか普段のコミュニケーションで相手の5W1Hをすべて予測するのは難しいかもしれません。あくまでも理想の形です。

ただ、**「相手にも5W1Hがある」という視点が抜け落ちていることが多いので、ぜひ覚えておいてください。**

5W1Hが抜け落ちると無駄しかない

5W1Hが抜け落ちると、どうなるでしょうか。

目的がないコミュニケーションにはゴールがありません。

定例会議が最たる例です。たとえば、月曜日の朝イチの定例会に参加したとき、「今日ちょっと共有事項も何もないんですけど、何かある方いますか？」というケースがたまにあります。

相手の5W1Hも考える

When	今日の昼
Where	レストランで
Who	後輩に
What	悩みがないか聞く
Why	最近、元気がないから
How	ランチに誘って雑談をしながら

When	近いうちに
Where	会社の人がいない場所で
Who	先輩に
What	キャリアの相談をする
Why	営業の成績が下がっているから
How	あまり重い話にならないように

自分だけでなく、相手の5W1Hも
仮説を立てておく

「ないならやめろよ！」と思いませんか。

定例会議を開催した目的は何だったのか。理由は何だったのか。それがわかっていなければ全員の時間が無駄になってしまいます。

「明日の定例会議にはどういった議題があり、誰から何の承認を取る必要があるのか。そもそも、なぜその承認が必要なのか。どうすれば承認を得られるのか。その承認を得たあと、誰に何を伝えに行くのか」

このように5W1Hを考えることで、有益なコミュニケーションが設計できるのです。

「資料をつくっといて」は無駄どころかマイナスになりうる

5W1Hは仕事上のコミュニケーションでも抜けがちです。

一番よくあるのが「この資料をつくっといて」と指示されたとき。

渡されたデータをまとめれば、たしかに一通りの資料をつくることはできるかもしれません。

しかし、その資料は「誰に」「いつ」「どこで」「なぜ」見せるのでしょうか。

それがわからなければ「どのように」資料をつくればいいのかもわかりません。

結局つくった資料が上司の望んでいたものと違い、つくり直しになってしまいます。

このように**手段だけを伝えて、目的を伝えていないコミュニケーションは無駄になりがちです。**

無駄どころか、二度手間を生み出す「マイナスのコミュニケーション」になることさえあります。

5W1Hは、基本的にすべて必要な要素です。日常のコミュニケーションで考えるのは面倒くさいかもしれませんが、できるだけ網羅するクセをつけてください。

5W1Hをさらに超完璧な下地にする「+i」

5W1Hにもうひと手間を加えることで、さらに超完璧な準備が整います。

それは、**あなたのセリフに対して相手がどう返事をするのか、どのような行動を取**

るのかを頭のなかで予想・想像することです。image(想像)の頭文字を取って「5W1H+i」が超完璧な下地の完成形となります。

「今日この話をすると、相手はきっとこう反論してくるだろうな。じゃあやめておいたほうがいいか……？　いや、あえて今日のうちに伝えて、ひととおり反論させたあとに、フォローしたほうがいいかもしれない」

このように相手の返事や行動を予想しながら、自分が立てた仮説でうまくコミュニケーションが成立するかどうかを頭のなかでシミュレーションするのです。

私は最低でも「うまくいったとき」「普通のとき」「うまくいかなかったとき」の3パターンは想像するようにしています。事前に予想しておくことで、本番でもうまく対応することが可能となるのです。

超完璧な伝え方のコツ08

いつ、どこで、誰に、何を、なぜ、どのように、をまず明確に

09
完璧なコミュニケーションの基本３ステップ

思考力・伝達力・理解力が基礎となる

ここからは、コミュニケーションの基本となる３つのステップ、

①「思考力」
②「伝達力」
③「理解力」

について解説します。

ステップ① 思考力

まずは、「思考力」。これは自分の思いを完璧に把握する力です。

コミュニケーションが苦手な方のなかには、自分で話しながら「いま、何のために話しているんだっけ」とか「この話の目的って何だっけ」と迷ってしまう人もいます。言語化をする前に十分に思考して、５Ｗ１Ｈを明確にできていないことが多いのです。

「何を伝えるのか」の前に、「なぜ」「何のために」伝えるのか、目的を完璧に把握するステップが必要となります。

思考力に必要なのは頭のよさではありません。目的を明確にする力です。

目的を達成するまでの道のりを思い描き、必要なコミュニケーションの手順を整理して仮説を立てる。これが思考力です。

コミュニケーションの3ステップ

①思考力

- 自分の目的（5W1H）を明確にする
- 伝え方を考える
- 計画や仮説を立てる

②伝達力

- 自分の考えを伝える
- 言葉や仕草、声などを使って人に伝える

③理解力

- 相手の状態を理解する
- 相手の言っていることを理解する
- 相手の目的を理解する

ステップ② 伝達力

伝達力は、思考力で立てた仮説を実際のコミュニケーションで相手に伝える力です。自分の考えを言葉にする力と言えます。

自分のなかで何となく言葉にするのではなく、「相手に伝わる言葉」にできるかどうかがポイントです。

単語を変えるのはもちろん、相手のテンションや状態を把握したうえで話のスピードや抑揚を変え、声のトーンを調整し、適度なアイコンタクトも行わなければなりません。これが伝達力です。

伝達力を高めることでコミュニケーションで投げられる球種の数が豊富となり、対応できる幅が広くなります。

ステップ③　理解力

最後の理解力とは相手が言っていることを理解する力です。

言葉通りの意味だけではなく、相手が発した言葉の「本当の意味」を理解する能力です。

独特の言い回しや、言葉の裏を読むのも理解力です。

3ステップで仮説→実行を細かく繰り返す

3ステップを意識するとコミュニケーションはどう変わるのでしょうか。

一つの例として、パフォーマンスが落ちている社員と1オン1をするときに私がどのようにコミュニケーションを進めるかを書き出してみます。

「今日の目的は、彼のパフォーマンスが落ちた理由を知ること。できれば、パフォーマンスを高めたい。

いきなり会議室に呼び出すと、相手もきっと緊張するな。社外で話したほうがいいだろう。でも周りに他の社員もいるし、一人だけ誘うと変な空気になるかもしれない。

じゃあ、もうちょっとカジュアルな誘い方で『仕事の買い物に付き合って』と言いながら誘い出そう。

それから、話しやすいようにカフェに行けばいい。でも、正面から向き合うと互いに気まずいだろうから、カウンターかテラスで横並びになれる席がいいな」

会話に入る前のシチュエーション選びだけで、ここまで考えます。

小賢しいと思われるかもしれませんが、実はこの細かな部分まで仮説を立てることがとても大事です。

そのうえで、会話にも仮説を立てていきます。

「きっと相手も僕に呼び出されるってことは何か話があると身構えるはず。相手が硬くならないように、どんな順番で話そうかな。そういえば、アイスブレイクにはこのトークがいいかもしれない」と、ここまで考えるとコミュニケーションは円滑になります。これが思考力です。

そして、実際のコミュニケーションで「最近どう?」という雑談からはじめて、徐々に「最近、顔が疲れているように見えるんだけど」とか「なんか悩んでることがあるの?」と聞いて仮説を実践していきます。これが伝達力のステップです。

すると、「はい、実は最近パフォーマンスが上がらないんですよ」と相手が言い出すかもしれません。このとき、相手の言葉から相手が本当に言いたいことを把握するのが理解力です。

ここで、相手が本題を受け止められると判断できた場合は「正直、君のパフォーマンスが上がっていないのは見ていて感じたけれど、それってよっぽどのことだと思うから、今日はその理由を聞きたくて」と切り出します。

このようにステップを踏むことで、相手も本音で話しやすくなるのです。

いきなり「ちょっと会議室きて」と呼び出されて、「最近、仕事のパフォーマンスが低くないか」とズバッと言われると相手もショックで何も話せなくなってしまいますよね。

目的である「パフォーマンスが下がった理由を知る（そして、パフォーマンスを高める）」を達成するためには、３ステップを丁寧に実践し、繰り返していくことが必要なのです。

基本の３ステップから自信が生まれる

難しく感じるかもしれませんが、案外この３ステップは誰でも身につけられます。**最初のうちはテクニックとして意識する必要はありますが、癖になるまで続けていくと自然とできるようになるものです。**

すると、円滑なコミュニケーションの実績が自分の中に蓄積され「〇〇さんと話すときには、あのパターンがよい」とか「今日はこのパターンでいこう」と即座に決められるようになります。
それがコミュニケーションをする際の自信となり、コミュニケーションは劇的に変わっていくのです。

超完璧な伝え方のコツ 09

「思考力→伝達力→理解力」の3ステップを細かく積み重ねる

10 完璧を「超完璧」にする+α「想像力」

あらゆる状況で「行間」を読み続ける

「思考力」「伝達力」「理解力」はコミュニケーションの基本です。

さらにもう一つ、「超完璧な伝え方」に必要となる力があります。

それは「想像力」です。

想像とは相手のことを思い、相手の気持ち考えること。相手の表情や言動から「伝えたいこと」だけではなく、「心理的な状態」まで読み取ることです。「空気を読む力」、あるいは「行間を読む力」とも言えます。

表情を読むとは、自分が伝達したことに対して、相手がどういう反応をしているの

【3ステップ＋想像力が必要】

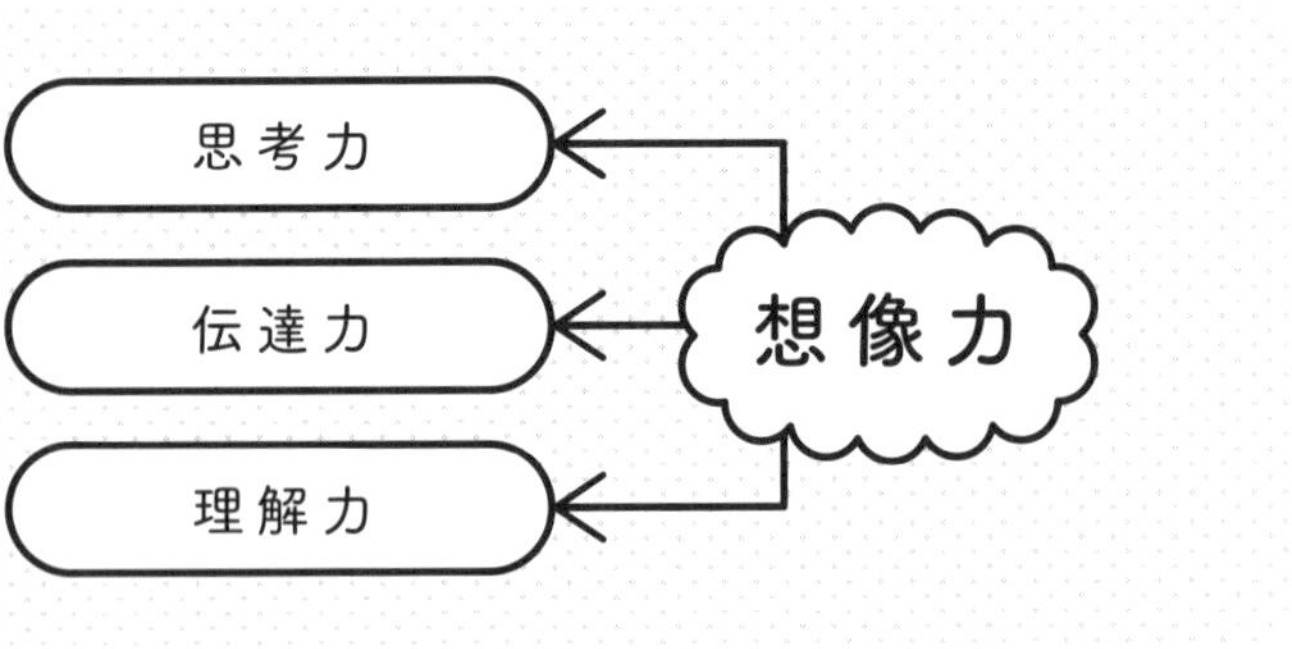

想像力：空気を読む、相手の背景を想像する力

かを理解することです。**つまりは、相手の表情から言いたいことを敏感に察知する能力です。**

普段は冗談が通じる人でも、仕事で大きな失敗があったり、先輩に理不尽なことを言われてイライラしているときに、ふざけたことを言われると怒るときもありますよね。

コミュニケーションは、相手、タイミング、シチュエーションなど何か一つが異なるだけで、全く別ものになるからです。

同じ人に普段通りのコミュニケーションを取っても、反応は毎回異なります。想像力はつねに働かせなければなりません。

「想像力」は「思考力」「伝達力」「理解力」

の3つの力すべてに＋αされます。

想像力は他人からの評価で身につく

では、どうすれば想像力が身につくのでしょうか。

それには、「相手から見えている自分」を把握することが欠かせません。

自分がどのように見られているかを把握するために必要なのは、他人からの評価を集めることです。

もし「私って、いつもどんな人に見える？」と直接聞ける関係の人がいれば、ぜひ教えてもらってください。

とはいえ、ほとんどの場合、そこまでストレートに聞くことは難しいと思います。

そこで**日常のコミュニケーションで「真面目だよね」「面白いよね」など自分の性格や印象について相手から言われた言葉を思い出してみましょう。**

そして「この人は自分をどう評価しているのか」と考えて、気がついたことがあれば付箋《ふせん》に書き出してください。

そのとき、同じ属性やコミュニティではなく、できるだけ多種多様な人からの評価を集めるようにしてください。

違う部署の人から見た自分、先輩から見た自分、後輩から見た自分、上司から見た自分、部下から見た自分、取引先の人から見た自分、初対面の人から見た自分、地元の友達から見た自分。それぞれの評価はすべて異なるはずです。

また、他者から見た評価を集めるためにはＳＮＳを活用するのもオススメです（２４２ページで詳しく紹介します）。

そして、「自分が思っている自分（自己認識・セルフイメージ）」との乖離《かいり》を見比べてみましょう。

付箋を並べて、それぞれの評価を円で描いたとき、一番重なる部分は何なのか。どのようなキーワードが出てくるのか。書き出してみてください。

もし自己認識や他の人の評価から離れたキーワードが出てきたときは、「なぜ、この人にはこう思われてしまったんだろう」というところまで、掘り下げて考えます。

［ 他人からの評価を集めて書き出す ］

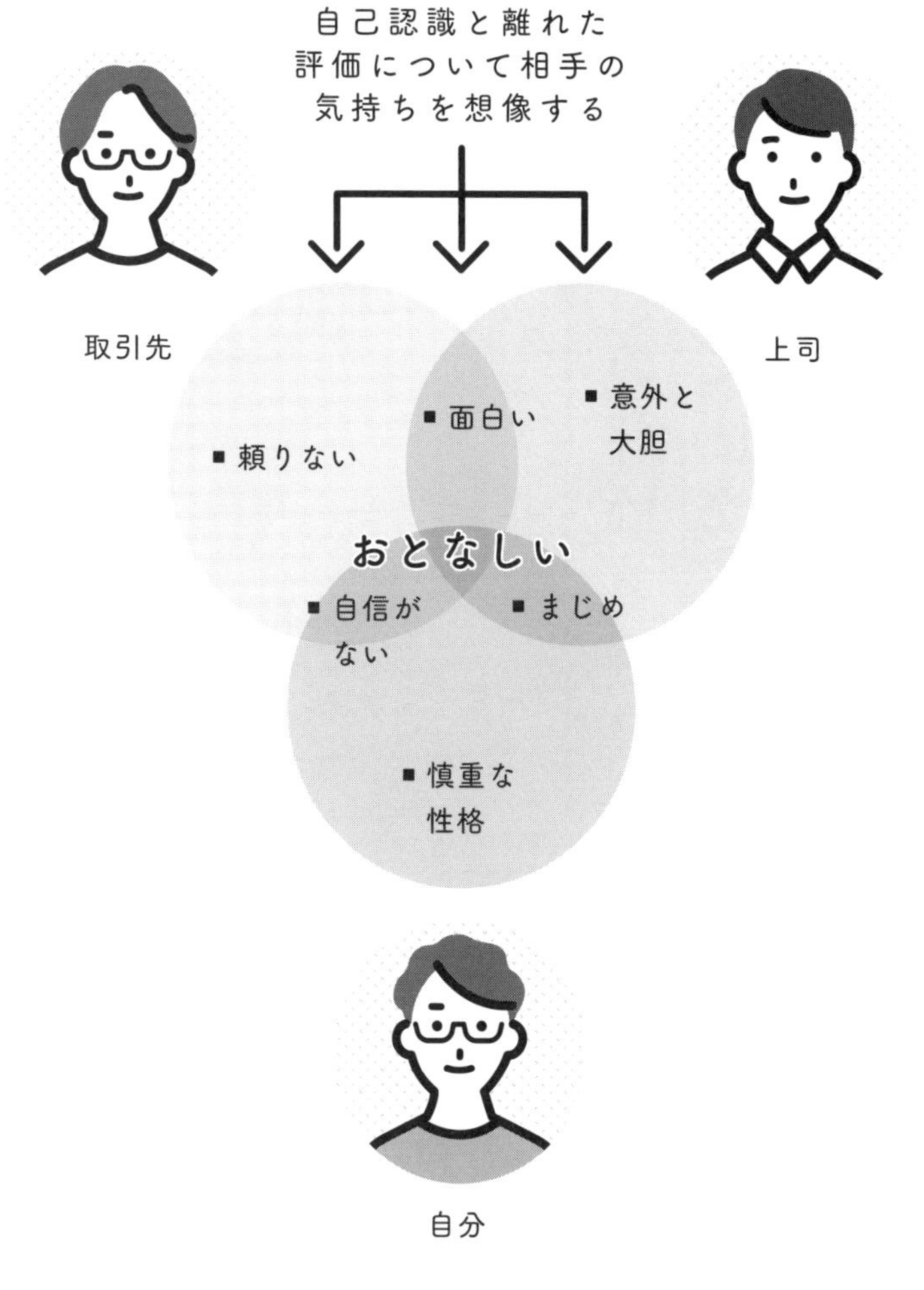

基本的に「まじめ」な性格の人が、ある取引先からは「頼りない人」に思われてしまった場合は「交渉のとき、その場ですぐ結論を出さず『上司に確認してみます』と答えたのが、頼りなく感じたのかもしれない」と相手の気持ちを想像するのです。

この積み重ねによって、「相手から自分はどう見えているか」に対する認識の精度が高まっていきます。その結果「相手が自分に何を望んでいるか。どんな言葉なら伝わりやすいのか」も想像できるようになるのです。

相手のことを想像するためにも、まずは「相手から見た自分」を把握してください。

超完璧な伝え方のコツ 10

他人からの評価を集めて分析することで「想像力」を高める

第 3 章

あらゆる場面ですぐに使える超完璧な話し方「13の超技術」

11

初対面での会話の技術
――開始6秒で印象をズバッと決める

人は見た目と声が9割

前章までは、「超完璧な伝え方」の大前提と、基本となる考え方を説明してきました。この第3章からは、すぐに使える会話での実践的なテクニックを紹介していきます。

まずは、初対面のときの会話について考えてみましょう。

初対面のときは、どんな人でも緊張すると思います。

大切なのは「最初の6秒間」を制することです。第一印象は6秒で決まると言われています。

しかし、6秒間で伝えられる情報はかなり限られています。視覚と聴覚、つまり「目」と「耳」だけです。

まずは相手にプラスの印象を与える見た目を意識してください。

よく言われることですが、やはり第一は清潔感です。人によっては「爽やかな要素」も入れるのがよいと思います。

とはいえ、特別なことをする必要はありません。

髪の毛はボサボサではなく、整える。汚れや毛玉やシワの目立つ服を着ない。業界のマナーに合わせて髪型や服装を選ぶ。悪目立ちせず、生理的な拒否感が出ないように、意識で変えられる部分の身だしなみを最低限整えるだけで十分です。

もし、自分で見た目を整えるのに自信がない人はプロに頼みましょう。

私の知り合いに、普段は髪の毛もセットせず、眉毛の手入れもしていないという人がいます。しかし彼は就職面接の当日の朝には必ず美容室へ行き、髪型と眉毛を整えてもらったそうです。彼は見事、希望の会社から内定を得ることができました。新卒採用も転職活動も、同じ作戦で成功したそうです。

見た目に意識を払うほど、相手からの期待値も高まります。

だからこそ、一言目に発する声も重要です。最初の挨拶で初対面のイメージは決定的になります。

声で意識するべきなのは、はっきりと聞こえるクリアな声で話すことです。

とにかくマイナスの印象を与えないようにしてください。せっかく見た目を整えても、声が小さかったり、聞き取りづらかったり、極端に甲高かったりすると、違和感が生まれてしまいます。

初対面で目指すべきは「安定した声」です。

ここでも、特別なことをする必要はありません。普段の声で話せば十分です。

もちろん「快活で明るい声」など、好まれやすい声というものはあります。

しかし、声色を意識して変にうわずってしまったり、不自然な声になってしまうと逆効果です。緊張する場面では、ねらった声を出すのはとくに難しいと思います。

自分の声の特徴を武器にする

自分の声に最初から自信があるという人は少ないでしょう。

私も自分の声はずっと嫌いでした。そのため、あえて早口で喋ったり、地声を変えるためにわざと高めの声で話すこともありました。

でもあるとき、「いい声ですね」と言ってくれた人がいたのです。自分の声を好きな人もいるとわかってからは、堂々とゆっくり喋ることができるようになりました。

あなたの声や喋り方が好きな人も、必ずいるはずです。

もし自分ではマイナスだと思う声であっても、いっそのこと「武器」にするくらいのつもりで自信を持ち、自分の声の特徴を強みだと思ってください。

そして、初対面では相手の目を見ながら話すのもポイントです。目をそらさないことで、強い意志や自信があるように感じてもらえます。私自身もよく使うテクニックです。

超完璧な伝え方のコツ 11

初対面は6秒勝負。見た目と声に気をつける

12

複数人での会話の技術
──ジェスチャーで会話に参加する

コミュニケーションには呼吸がある

複数の人との会話に、苦手意識がある人も多いと思います。参加者に知り合いの少ないパーティーや交流会、はじめて参加した集まりなどでは、ぎこちなくなってしまいますよね。

私もあるバラエティ番組に出演したとき、フリートークに参加する10人以上が全員初対面という状況がありました。

収録がはじまっても「あ、いま自分は発言していいのかな。それとも、この人が話すのかな」とずっと考えるわけです。出しゃばったり、他の人とかぶってはいけないので、話し出すタイミングが非常に難しいと感じました。

いわゆる「間《ま》」、コミュニケーションの呼吸は人それぞれに存在します。

ずっと一人で喋り続けて「まだ話すの？」と思うような人もいれば、ひと言喋ったあとに黙ってしまい「え、それだけ？」と思うような人もいる。

もし、気心の知れた仲間であればお互いの「間」がわかります。

あるいは、そこまで仲が良くなくても、1対1のシチュエーションであれば、話すタイミングは何となくつかめるはずです。

ただ、3人以上で集まったときは難しい。それが初対面だとなおさらです。

自分が話したいからといって、相手の話を遮《さえぎ》るのはもちろんNG。

とはいえ、相手が話し終わるのを待っていると、なかなか喋り出すことができないのもまた事実です。

そんなときに使えるテクニックを紹介します。

ジェスチャーでアピールする

なかなか自分から話し出せないのは、「話の流れを断ち切ってしまうのでは」という怖さがあるからです。そこで、あなたが話すタイミングは相手にゆだねましょう。

そのとき使えるのがジェスチャーです。

たとえば相手が喋っているときに「あー、なるほどねー」と相づちを打ちながら、「ねー」と語尾を伸ばして口を開けたままにしてみてください。

すると**「あ、次に何か喋るのかな？」と相手に思われやすくなります。このジェスチャーで「次、自分が喋りたいです！」というアピールができるのです。もっとわかりやすく、相手の目を見ながら手を挙げるジェスチャーも有効です。**

そこで間が生まれたら、その機を逃さずに喋り出してください。

もう一つ、「高速でうなずく」というテクニックもあります。

相手の話を聞いているときに、「うんうんうんうん」と言いながら、何度もうなずく。それは「あなたの話は十分聞いて納得しています。それについて、私も次に喋る準備ができています」というメッセージになります。

あるいは、相手が喋っている途中、自分のあごを手で触ったり、ちょっと目線を上にしてみてください。つまり**「考えています」というジェスチャーでアピールすることで、相手に「次は、この人が喋りたそうだな」と思わせることもできます。**

会話の間がつかめないのはお互いに一緒です。相手も「この人、話すのかな。話を振ったら困らないかな」と思っている可能性があるわけです。

だから、**初対面や複数人との会話では、「次は私が喋ります！　準備ができています」とあなたからジェスチャーでアピールしてください。**

話に割り込むのではなく、「アピール」で相手に順番を譲ってもらう。

これができると、3人以上の会話にも参加しやすくなります。

〔話したいときはジェスチャーでアピールする〕

①相づちをしながら口を開けたままにする

②高速でうなずく

③考えているポーズをする

相手の話もアピールで引き出せる

では、相手に話をしてほしいときはどうすればいいでしょうか。

今度は、逆のアピールをすればいいのです。

「相手に話す順番を譲る」ことを視覚的に伝えてください。

たとえば、自分が話すときは相手の目を見ながら前のめりになっておきます。

そして、「そろそろ、相手の順番かな」というところで机の上に置いてある資料に目を落としてください。

このように視線を外すことで相手にも余裕が生まれます。するとて「あ、次は私が喋ろうかな」と相手も思うわけです。

もし何の合図も出さないまま、あなたが急に黙ってしまうと「この人まだ続きを話したいのかな。それとも自分が話したほうがいいのかな……？」と相手も迷ってしまいます。

何かしら「次は、あなたが話す番ですよ」という合図を出してあげましょう。

超完璧な伝え方のコツ 12

相づちやジェスチャーで話す順番をアピールする

13

雑談（アイスブレイク）の技術
――相手を丸裸にする「罠」をしかける

相手を探る罠を雑談でしかける

次は、雑談（アイスブレイク）のテクニックを紹介します。

一般的にアイスブレイクでは「何を喋ってもいいい」という風潮があるので、相手も許容範囲が広くなりがちです。

そこで天気の話をしたほうがいいのか。趣味の話をしたほうがいいのか。あるいは、時事的な話をすればいいのでしょうか。何でもありなので、迷ってしまいますよね。

まじめな話をしてもいいのですが、アイスブレイクは相手を探る「罠」をしかける絶好のチャンスです。

そして、罠とは「冗談」を言うことです。
冗談に対する相手のリアクションで「この人にはどの程度まで砕けて接するべきか」を判断することができます。

あくまで冗談というところがポイントです。
もし相手が反応に困ったり、返事に詰まったり、あるいはこちらにとって予想外の言葉が返ってきたとしても「すみません、冗談でした！」と言って引っ込めることができるからです。

そして、アイスブレイクのうちに冗談を1回言ってみることが大事です。
アイスブレイクが終わったあとに冗談を言ってしまうと、ビジネスの空気を壊してしまい印象が悪くなる可能性もあります。

冗談を言うときに「相手を笑わせよう」「場を温めよう」と考える必要はありません。

目的はあくまで相手のタイプを把握することです。「リトマス紙」として冗談を使ってください。

たとえば大学教授と喋るときは、「カジュアルにふざけて喋るわけにはいかない」と当然思いますよね。ただ、それは一つの先入観にすぎず、実際はどういった人なのかはテストしなければわからないわけです。

冗談が通じる相手であれば、砕けて話したほうが相手も話しやすいかもしれません。

自分をイジる冗談が一番安全

冗談は「自分をイジるもの」がよいと思います。

たとえば、私は「ミラーフィット」という会社を経営しているので、事務所には鏡がたくさん置いてあります。

そのため、「自分のことが大好きなので、四方八方から自分のことを見ていたいんですよ」という冗談をよく言っています。

冗談で自分をイジることで、相手の反応から性格をつかみ、自分と感性が合うのか合わないのかを判断することができます。

1回でわからなければ、2回、3回と会話の中に冗談を交えて「この人はどういうタイプなのか」を判定するようにしてください。

ただし、あまりにも自虐的でネガティブすぎる冗談は相手も反応に困ってしまいますし、雰囲気も暗くなってしまうのでNGです。

もちろん、相手がどんな人かよくわからないうちは「相手をイジる冗談」も絶対に避けるべきです。

また、**冗談を言うことによって「僕はジョークを言う人なんだよ」という布石を打つことにもなります。実は自己開示にもなっているわけです。**

「この場では、こういったカジュアルなやり取りもありだと思っているんだけど、あなたはどう思う?」と言葉に出さない会話をしています。

「キャッチボールができる人」か「投げ込みになる人」かを見る

もう一つ、アイスブレイクの際に確認するべきことがあります。それは、相手が「会話のボールを投げ返す人かどうか」です。

たとえば、こちらがジョークを言ったあとに「ハハハ！　面白いですね。実は私も……」と自分の話をしてくれるとしたら、その人は「会話のキャッチボールができる人」です。

一方、「あーそうなんですね！」と笑顔でリアクションしてくれたとしても、そのあと自分からは何も話さないタイプの人もいます。

その人は「ボールを受け止める人」と言えるでしょう。その場合はあなたが積極的に会話のボールを何度も投げる「投げ込み」をしなければなりません。

このように、相手が**「積極的に話したいタイプ」なのか「自分からは話したくないタイプ」なのかも冗談で把握できるのです。**

ボールの一投目は必ず自分で投げる

アイスブレイクでは「会話のボールの一投目は自分が投げる」という意識を持ってください。あなたが投げたボールに対して、相手が返すリアクションには情報がたくさん詰まっているからです。

たとえば先日、採用面接がありました。私が面接官となって応募者に会ったのですが、相手は非常に緊張していて、目も合わせてくれません。

この状態のまま、「自己PRをお願いします」と面接を進めても、こちらが求める情報は引き出せないでしょう。

だから、私はあえて自分から冗談を投げました。

「ゆっくり準備して構いませんよ。その間にTikTokの動画を撮ってるんで！」

「え、いまから動画撮ってくるんですか？」

「いやいや、冗談です」

「あー、冗談ですか！　実は私もTikTokやっているんです」

このアイスブレイクは相手の緊張をほぐすだけではなく、相手のキャラクターを把握するのにも役立ちました。まじめな性格ですが、「TikTokをやっている」と自分のことも話してくれたので会話のボールを投げ返すタイプだとわかったのです。

もちろん、面接で相手のストレス耐性を見るなどの目的がある場合は、緊張した状態の相手に直接質問を投げたほうがいいケースもあります。あくまで、目的に合わせて投げるボールを選んでください。

相手の情報を把握して完璧なコミュニケーションを取るためにも、リアクションを試すボールは先手を取って自分から投げてみましょう。

アイスブレイクの超鉄板トーク

アイスブレイクとはいえ、冗談を言うのはハードルが高いと感じるかもしれません。

冗談の他に使いやすい話題も考えてみましょう。

大前提として「相手と共通の話題」を探さなければいけません。

まず思いつくのは社会的なニュースや時事的なネタについて話すことです。

「今朝のニュース、見ましたか？」、「昨日の雨、すごかったですよね」など、相手も知っていることは話題にしやすいものです。

しかし、これでは「いかにもアイスブレイク」という感じがして、表面的な会話で終わってしまう可能性もあります。


そこで**オススメなのは「名刺」をアイスブレイクのネタにすることです。**

名刺には相手の情報が詰まっています。たとえば相手の名前が珍しければ「はじめてこの名字の方に会いました。どこの地域のご出身ですか？」と質問できます。

あるいは、部署の名前について質問したり、会社の住所からも話題を広げられます。名刺のデザインがおしゃれなときは「すてきな名刺ですね」と褒めるのもいいでしょう。

また、プライベートの場面では「インスタやってますか？」と聞いてお互いのInstagramを見せ合うこともオススメです。

Instagramは「個人のホームページ」だと私は思っています。その人の趣味や好きなもの、センスやキャラクターがインスタを見ることでわかります。共通の知人がいると「あれ、なんでこの人と繋がってるの？」と話題にすることも可能です。

もちろん、SNSを他人に見せたくないという人もいるので注意は必要です。

ただ、SNSのなかでもInstagramは人に見せやすいオープンなSNSだと思うので、もし相手がOKであればぜひそこから話題を広げてみてください。

超完璧な伝え方のコツ 13

雑談（アイスブレイク）で冗談を投げて相手のタイプを把握する

14

聞く技術
——聞くだけでなく相手を手伝う

話すのが苦手な人に気持ちよく話してもらう

話すのが苦手な人に話をしてもらうためにはどうすればいいでしょうか。
話すのが苦手な人には大きく分けて2通りあります。

1　話しているうちに自分でも何を伝えたかったのかわからなくなる人
2　緊張や不安で何から話せばいいのかわからない人

1の「話しているうちに自分でも何を伝えたかったのかわからなくなる人」の場合

は、相手の思考整理を手伝ってあげましょう。

相手が話した内容を要約することで「あ、言いたかったのはそれです！」と相手も納得し、話が進んでいきます。「つまり、こういうことですか？」と確認できるように、相手が話しはじめたら要約の準備をしておきましょう。

要約するときのポイントは、相手が口にした最初の言葉を見失わないようにすることです。「何の話でしたっけ？」と聞かれたとき、最初のほうに言ったキーワードを教えてあげると「そうそう、そうだった」と相手も思い出して整理ができます。

また、話を聞いているときに、メモを取ることもオススメです。相手に自分のメモを見せながら、「こういうことで合っていますか？」と文字で確認してください。視覚的にわかりやすくなるので、相手もより早く思考の整理が可能です。

2の「緊張や不安で何から話せばいいのかわからない人」の場合は、**相手に話してもらう前に、まずあなた自身のことを話すようにしてください。つまり先に自己開示をするのです。**

たとえばインタビューでも「今日はよろしくお願いします。早速ですが最初の質問です」とはじめても、いい話は聞き出せません。

いきなり本題から入るのではなく、「今日はよろしくお願いします。質問の前に、軽く私自身のことを紹介させてください。勝手ながら、自分の人生をふりかえっても○○さんに共感するところがたくさんあり、今日はとても楽しみにしてきました」と自己紹介があってからインタビューをされたほうが、話すほうもラクになります。

また、自信がない人の場合は「自分の話なんかつまらない。だから話したくない」と感じているパターンも多くあります。

だから、**あなたが自己紹介をするときには「実は最近仕事で大きな失敗をしたから、多くの困難を乗り越えてきた○○さんの話を聞きたい」など、自分の弱みも一緒に開示してください。**

そうすると「ここまで話してくれるのなら、自分も話してみようかな」と相手も前向きになれます。

小さなイエスを積み重ねる

もう一つのテクニックは、「小さなイエス」を積み重ねることです。

たとえば、お店に来たお客さんに「こちらの商品、どうですか？　30万円です」といきなり言っても大抵は断られるでしょう。

本題に入る前に、まずは「イエス・ノー」で答えられる小さな質問を繰り返してください。


「ご来店ありがとうございます。運動に興味はございますか？」

「そうですね」

「何か運動したいと思うきっかけがあったのですか？」

「はい。実は健康診断で運動不足を指摘されて」

「そうなんですね。じゃあ、今日はせっかく来てもらったので、15分だけストレッチをやってみませんか？」

「まあ、15分だけならいいですよ」

このように、相手が「イエス」と答えやすい小さな質問を10回ほど投げかけます。

そのあとに、「じゃあ、せっかくなんで1週間トライアルはいかがですか？」と商品を勧めるようにするのです。

ちょっとずつ選択しながら「イエス」を積み重ねることで、最終的に相手にも「全部自分で喋った」という感覚を持ってもらえます。

超完璧な伝え方のコツ 14

まずは自己開示で信頼してもらい、相手の話を要約しながら聞く

15

関係性を深める技術
——秘密の共有で特別な関係になる

関係性を深める「特別」な喋り方

相手との関係性を深めるにはどうすればいいでしょうか。

答えをひと言で言えば「特別」をつくり出すことです。

関係性が深いということは、当然「あなたは他人よりも特別な存在」である必要がありますす。それは、他の人と比べてコミュニケーションがうまいとか下手とかで決まるものではありません。

あなたとのコミュニケーションが相手にとって「他の人とは違う特別なもの」になっているかどうかです。

たとえば、合コンに参加したとします。

私が全員に向かって話しているときは、誰かが特別な感情を抱くことはありません。

でも、喋り終わった後に「ハー、疲れた」と言って、「さっきはごめんね。みんなの前でいっぱい喋っちゃって。本当は君と喋りたかったんだけど」と隣の人にだけ小声で話しかけたらどうでしょう。それは、私がその相手を特別扱いしている証拠になります。

このように、「他の人にはしていないことを、あなただけにしている」と見せるのが大事なのです。

「あなただけにしている」という情報を提供し、相手に特別感を与えることが関係性を深めるためのポイントになります。

一瞬で特別な存在になるコツ

一番効果が大きいのは「秘密を共有する」ことです。

秘密を共有して、特別だと感じさせるためには、2つのコツがあります。

1つ目は声のトーン。他の人に対しては明るく元気に喋っていたのに、急に小さい声でヒソヒソ話しかけられると特別感が出ます。

2つ目は視線。相手の目をじーっと見ると、やはり特別な合図になります。

たとえば、会議室で2人きりになったときに「すみません。ちょっと〇〇さんだけの話にしてほしいんですけど、実は……」と目を見ながら小声で切り出されると、特別な感じがしませんか。

「秘密の共有」はあくまで概念なので、「自分が本当に秘密にしていること」を明かす必要はありません。

重要なのは、「〇〇さんだけの話にしてほしい」のような、特別感のある枕詞を使うことです。

他にも、「いままで、本当にこんな気持ちになったことはないんだけど」など「あなただけ」という情報をストレートに伝えることも大きなポイントになります。

あらゆる手段を使って「あなたは特別です」と伝えることが、関係性を深めるテクニックの基本です。

打算なき自己開示をする

関係性を深めたい人に対しては、「打算なき自己開示」もするべきです。

「あ、この人何も考えずこんな大切なことを教えてくれたんだな」とか「こんなプライベートなことを素直に教えてくれるんだ」と相手に思われると、距離は縮まりやすくなります。

関係性を深めるためには、あなたから先に自己開示をしてください。

じゃんけんで、「僕はパーだからね。パーだよ」と出す手を開示して、本当にパーを出すことで「こいつ、バカだなあ。パーって言っちゃってるよ」と相手に思わせるイメージです。

相手はこちらの手の内が先にわかるので、いつでも勝てる状態になります。安心するわけです。それによって心理的な距離が縮まりやすくなります。

では、何を自己開示すればいいのでしょうか。

自分のコンプレックスや悩み、不安などの弱みを明かしてもいいですし、「あなたが喜ぶポイント」を伝えることも自己開示の一種です。

もし可能であれば「意外性」を狙ってみてください。

自己開示の内容が相手にとって意外であればあるほど、関係性はより深まります。

「みんなが知っている姿」と「自己開示された自分だけが知っている姿」にギャップが生まれ、それが特別感を生むからです。

たとえば私の場合、「実は、人前に出るのがすっごく好きなんです」と言ったところで「いや、テレビにめっちゃ出てるし。知ってるけど」と思われるだけです。

ところが、「本当はあまり言いたくないんですけど、メディアに出るのが苦痛なんです。こうやって本を書いているのも、実は無理をしてます。でもそんな弱い自分から成長したくて、自分をさらけ出すようにしているんです」と告白すると、普段のイメージとのギャップが大きいので、「親身になって話を聞こう」と思ってもらえる可能性が高くなります。

自己開示する内容が普段のイメージから遠くなるほど、より相手を引き込むことができます。相手に特別感を伝え、関係を深めてください。

コミュ力の「爪」の隠し方

コミュニケーション能力が高まるにつれ「相手の思惑」を見抜く力も高くなります。

しかし、まるで自分が見透かされているように感じると、相手も警戒を強めます。相手が警戒して全然話をしなくなったり、疑うような質問をされるようになってしまうと、あなたの目的も達成できません。

相手に警戒させないためのテクニックの一つは「バカになること」です。

どんどん自分から弱みや失敗の情報を開示していきましょう。

その際に、相手の使う言葉やトーンに自分の話し方を合わせることも忘れないでください。

もう一つは、「あなたに勝つつもりはありませんよ」とアピールすることです。

交渉の場であっても「今回の条件はこちらです。もし疑問があれば答えますけど？」という態度では相手もガードを固めてしまいます。

そうではなく、「今日は建設的な話し合いをしに来ました。〇〇さんのお話を聞かせてもらって、十分に理解したうえで、私ができる精一杯のことをやりたいと思っています」という言い方をすると、相手も話しやすくなります。

「勝ちを譲る」態度を先に示すことで相手の警戒を和らげることが可能です。

超完璧な伝え方のコツ 15

秘密の共有と自己開示で特別感を出す

16

褒める技術——マイナス以外を120%褒めちぎる

すぐ口に出すのが褒め上手への第一歩

続いて「褒め方」のコツもお伝えします。人を上手に褒めるのもなかなか難しいものですよね。

基本的には「いい！」と思ったら、ちょっとしたことでもその場ですぐ口に出して褒めてください。

たとえば、相手の言葉がいいと思ったら「その言い方、いいですね」と会話中に伝える。出されたお茶がおいしかったら「あ、おいしい」と口に出して言う。

単純なことのように思えますが、意外とできている人は少ないので、それだけで好印象を与えることができます。

また、褒めるときにはできるだけ大勢の前で褒めるようにしてください。

人前で褒められると「自分の頑張りが他の人にも伝わっている」という喜びを感じられるからです。

そして、褒めるときは「プレゼン、よかったよ」と抽象的に言うのでなく、「昨対比のグラフがわかりやすくて、よかったよ」など、できるだけ具体的に褒めるようにしてください。

せっかく褒めるなら全身全霊で

せっかく褒めるのであれば「120%とことん褒めちぎる」意識を持って実践することも大切です。

「よかったよ」よりも「本当によかったよ！　会社にとってこれ以上ない大きな一歩

だよ！」と大げさなくらい褒められたほうが、やっぱり相手も嬉しいものです。

褒め方で一番よくないのは「中途半端に褒めること」です。中途半端な褒め方は「軽く扱われた」と逆効果になることさえあります。

たとえば、彼女に「ネイル変えたんだけど、どう思う？」と聞かれたとします。

そのとき、めんどくさいからと「いいんじゃない。かわいいと思うよ」などテキトーに褒めてしまうと「はぁ？」と怒りを買ってしまうでしょう。

少しでもかわいいと思ったのであれば「え！　めっちゃかわいいね。前のもよかったけど、今回のも本当にかわいい。すごく似合ってる」くらい褒めちぎったほうが明らかにいいのです。

どうせ褒めるなら、とことん褒めましょう。

嘘をつく必要はありませんが、「1を10に、10を100にして褒める」ことが上手な褒め方のコツです。

マイナス以外は全部褒めていい

相手の嫌なところばかりが目について、褒めるところが見つけられないという人もいると思います。

一つ、とても簡単なテクニックを紹介しましょう。

「批判できないところは、全部褒める」です。

たとえば、家の片付けができていない人には「こんなに忙しいのに、家のことがほとんどできてててすごい！　片付けは大変だし中々できないだろうけど、その他は全部できているのはすごいよ！」と言ってみる。

〆切を守らない人には「最後まで粘って形にする姿勢がえらい！　クオリティもすごく高いし、修正もほとんど必要ないね。もっと時間をあげられたらよかったんだけど、ここまで仕上げてくれると嬉しいよ！」と褒めてあげる。

嘘を言っているわけではありません。

批判できない点は、たとえ「できて当たり前」のことでも、褒めていいのです。

むしろ「当たり前」と思っていたことが褒められると、予想外に嬉しく感じます。

褒められたことで「じゃあ、あとは片付けだけ頑張ろうかな」、「次は、〆切に間に合わせなきゃ」と本人もやる気になるはずです。

超完璧な伝え方のコツ 16

「当たり前」のことでも、全力で褒めれば喜ばれる

17

叱る技術
――反感を抱かせない伝え方

叱るときに「怒り」は必要ない

叱ることも非常に難しいコミュニケーションの一つです。

「叱る」という言葉からは、「怒る」「非難する」「批評する」「評価する」「指導する」というイメージが湧いてきます。

ただ、これらはいずれも「手段」であり、「目的」ではありません。

「部下の教育の仕方や指導の仕方がわからない」とよく言われますが、その前に大事なのは目的を履き違えないことです。

部下を「改心」させたいのか、「改善」させたいのか。上司としての目的を達成するために「叱る」という手段が最適とは限りません。

叱られた部下の心理を考えると、上司に反論したくなるからです。部下が反論をし、それを押さえつけるように上司がさらに反論すると、人間関係もこじれていきます。聞き入れられるものも聞き入れられなくなってしまうのです。**場合によっては叱るのではなく、理解者になりながら誘導するほうが有効です。**

もちろん、感情的になって怒るのはもってのほか。感情をぶつけてしまうと、相手も感情的になるものです。

さらに、5W1Hも意識から飛んでしまいます。お互い感情的になると、ただただ真っ向から衝突するだけになってしまいます。時間的にも精神的にも、非常にもったいないことです。

そもそも教育には「怒り」が必要なのか。私は不要だと思います。

怒らない指導法はたくさんあります。

たとえば、なぜその問題が起きたのか部下と一緒に掘り下げ、理解しながら改善につながるように会話で導くこともできるはずです。


「こういう状況だったからミスが生まれたのか。なるほど。でも、このときはこうしたほうがもっと簡単に対応できたんじゃない？」

「いや、今回は対応する余裕がなくて」

「そうだよね。たしかに今回は難しくて、できなかったかもしれない。でも、いま一緒に解決策を見つけられたから、次は同じミスを起こさない自信はある？」

「まだないです」

「どこが不安？」

「ここですかね」

「うん。これは、こうやって解決してみよう。これで大丈夫？」

「はい」

「じゃあ、1回目だから許すけど、2回目の同じミスはやめような」

コミュニケーションの基礎として、「伝える」ではなく「伝わる」までがゴールだと説明しました。

叱るときも同じです。目的が何かを見極め、コミュニケーションの球は選んでから投げる。そして、ちゃんと伝わったかどうか確認する。これを忘れないでください。

もちろん、ときとして怒ることが必要な場面もあるでしょう。

目的達成のためには叱ることが必要なタイプの人もいます。叱ること自体を否定するわけではありません。

ただし、相手を叱るときであっても、頭ごなしに1から100まですべてを批判してはいけません。

「この部分は改善してほしい。でも、ここからここまでは完璧だった」など「1指摘したら3褒める」くらい、具体的に褒めながら叱ったほうが相手にも伝わります。

超完璧な伝え方のコツ 17

ストレス発散で叱るのはNG。最適な手段である場合のみ「叱る」べき

18

頼む技術
――「どちらにせよイエス」に誘導する

「どちらにせよイエス」となる選択肢を用意する

人に何かをお願いしなければならないとき、どう伝えればいいのか悩んでしまいますよね。

私も「相手に頼む」というコミュニケーションが一番苦手です。

頼むという行為が、自分の弱みを見せているように感じてしまうことと、相手にコントロールをゆだねているような感覚になるからです。

何かをお願いするときは、どこか居心地が悪く感じてしまいます。

だから、**「頼む・お願いする」ときのポイントは「どちらにせよイエス」となる選択肢を用意して、相手に選ばせることです。**

たとえば、あなたが上司に対して給与交渉をするケースを考えてみましょう。

まずは、頼みづらいことほど、理路整然と理由を開示していきます。

「今日お時間をいただいたのは、給与を上げてほしいと思ったからです。私はいま、同期と比べて同じ程度の給与です。ただ、私が担当している顧客や売上を見ると、明らかに会社に対する貢献度は私のほうが高くなっています」

「にもかかわらず、給与が他の同期と同じなのは少し納得ができません。いまの生活レベルを考えても現状の額だと苦しいので、たとえば○○万円まで上げていただけないでしょうか」

「それができないのであれば、その給与水準に到達するためのＫＰＩ（重要業績評価指標）を教えてください」

このように、自分の要望とその裏付けとなる事実を上司に伝えます。

そのうえで、もう一つの選択肢を提示します。

「もし、この給与が実現できず、ＫＰＩも教えられないというのであれば、転職を含めてこの金額を稼ぐための手段を自分で探さなくてはなりません」

「あるいは、同期と同じ売上までは仕事も頑張りますが、余力で副業もやらざるを得ないかもしれません」

「ただ、本当はそんなことはしたくないのです。この会社で仕事に集中し、より成果を出したいと思っています。私の仕事を評価していただけるのであれば、さらに誠心誠意働けるのですが、いかがでしょうか」

このように伝えることで、
①給与を上げるかＫＰＩを提示する＝部下が誠心誠意働いてより成果を上げる
②給与を上げないし、ＫＰＩも教えない＝部下が転職や副業をする
という選択肢が上司には与えられます。

①を選んだ場合、あなたが転職をすることもなく、仕事に専念するので上司にとっ

てもメリットがあります。

一方の②は転職をされるリスクや、副業に力を入れることで売上やモチベーションが下がるリスクもあります。

選択肢のなかに相手の逃げ道も用意しておく

重要な点は、あなたも②ではなく①がいいとアピールしていることです。

さらに、いきなり給与を上げられない場合は、「給与を上げるために必要なＫＰＩを教えてほしい」と言っています。
①のなかで**「逃げ道」も上司に用意してあげるのです。**
現実的には、よほどの権力がなければ上司一人の判断で給与を上げることは難しいでしょう。

しかし、ＫＰＩを提示するという逃げ道があれば、「わかった。じゃあ今期の売上予算を１２０％で達成できたら、次の評価のときに給与のランクを上げるよう社長にかけあってみよう」など、あなたの要望が叶う方向で上司も相談に乗りやすくなります。

もし①がダメで②を上司が選んだ場合でも「では、転職や副業もしかたありませんね」とあなたにとって有利となる許諾を得ることができます。

「イエス or ちょっとイエス」で選択の余地を残しつつフェアに頼む

対等な位置から合理的な提案をする。

相手に選択の余地を残しつつ、明らかに自分が希望するほうを選択するように誘導する。

これが、人に何かを頼むときのポイントです。

「二つありますけど、こっちのほうがいいと思いませんか」という形で頼むようにしてください。

超完璧な伝え方のコツ 18

「どちらにせよイエス」の選択肢を提示し、相手の逃げ道も用意する

相手に「イエスorノー」で答えさせるのではなく、逃げ道を用意して「イエスorちょっとイエス」で選ばせる。

「ノー」の選択肢は最初から出さず、どちらにせよ自分の要望が叶う選択肢のなかから選ばせるようにしましょう。

19 断る技術 ——速攻で明るく断るのが最適解

すぐに、大きな声で、明るくはっきり断る

もし「嫌なお願い」をされたら、どう断ればよいでしょうか。

相手との関係を考えると、断るときも言い方に気を使ってしまいますよね。

実は、悩む必要はありません。ベストな断り方はいたってシンプルです。

「すみません！　できません！」とすぐに断るだけです。

コツは、明るく大きな声で、はっきりと伝えること。

私も「すごく頼みづらいんだけど、お金を貸してほしい」と知り合いから頼まれたことがあります。しかも結構な額を来週までに欲しいとのこと。

「ごめん！　無理だわ」と即座に答えました。

できないことはできないと、きっぱり伝えましょう。

お互いにとって時間も無駄にならず、心理的な負担にもならない一番いい方法です。

はっきり断りつつも、ちょっとだけフォローを入れる

ただし、「お金は貸せないけど、どうしたの？　何か力になれそうなことがあったら協力するけれど」と同時にフォローもしています。

あまりにもズバッと断ると「血も涙もない冷たい人間」に思われてしまうからです。

もし大事な友人や知り合いであれば、断ることでその後の関係性を悪化させたくはないですよね。だから、**頼まれたことについては断りつつも「あなたのことは心配しています」という面も見せることがポイントです。**

断る時点で「冷たい」と思われるのはしょうがない

どうしても「冷たい人間だと思われたくない」という方もいるでしょう。

たしかに、断られた相手は「冷たいな」と思うかもしれません。

ただ、断ることを決めた時点で多少は「冷たい人間」になる覚悟が必要です。

第1章でお伝えした、目的達成と過程の関係を思い出してください。

もし、「冷たい」と思われたくないのであれば、無理をしてでも相手の願いを叶えてあげなければいけません。

「それはできない」、「そこまではしたくない」と思うのであれば、相手より自分を優先していることも事実。相手に「冷たい」と思われても仕方がないのです。

よくないのは、嫌われたくないからと相手の事情に深入りしてしまうことです。

お金を貸してほしいと言われたとき、ハッキリと断らないまま「急にどうしたの？

話を聞こうか？」と事情を聞いてしまうと、「もしかすると貸してくれるのかも」と相手の期待値も高まります。

そのうえで、「そんな事情があったんだ。気持ちはすごくよくわかる。できればお金を貸してあげたいんだけど、自分にとっても大切なお金だし、すぐに用意もできないから、やっぱり貸してあげることはできない」と様々な理由をつけて断ってしまうと、期待値が上がっていた分、相手の落胆も大きくなってしまいます。

マイナスのギャップによってお互い心理的に疲弊してしまいますし、感情的になってその後の関係性にもヒビが入りかねません。

今後の関係のためにも、「すぐに明るく断る」のが一番なのです。

超完璧な伝え方のコツ 19

すぐに明るくはっきり断ってからフォローする

20 沈黙をしのぐ技術
――「何か話さなくては」の焦りを消す

沈黙が気まずくなくなる魔法のひと言

話が合わない人と、長時間一緒に過ごさなくてはならない場面もあります。

そんなときにシーンとした沈黙が流れると、気まずいですよね。

「何か話さなきゃ。でも何を話せばいいかわからない」と焦った経験がある人は多いのではないでしょうか。


たとえば、気になった相手とはじめて2人だけで食事に行ったとき。

盛り上がるかなと思ったら話が合わず、気まずくなってしまいました。

相手も緊張でガチガチ。でも、コース料理で予約しているので2時間は2人きりで過ごさなければいけません。こんなとき、どうすればいいでしょうか。

実は、この気まずい沈黙を打開する魔法のセリフがあります。

「普段、沈黙は苦手なんだけど、君との沈黙は、不思議と嫌な感じがしないね。意外と黙っていても平気かも。本当に落ち着くから、無理に喋らなくてもいいよ」

このように、沈黙自体を全肯定するのです。

「何か喋らなきゃ」と焦るのではなく「無理に喋らなくてもいい」と気持ちを切り替えることで、自分も相手もリラックスできます。

すると、かえってお互い言葉が出てくるものです。

沈黙を仕切り直すテクニック

もう一つのテクニックをお伝えしましょう。

それは「仕切り直す」ことです。

簡単に言うと、トイレに行っちゃいましょう。

沈黙の時間が流れたら「ごめん。ちょっと1回、お手洗い行くね」とか「ごめん。1本だけ仕事のメール返してきていい？」と言って席を立ってください。

その間にリフレッシュして「何を喋ろうか」と考えてから戻るのです。

「ごめんね。待たせちゃって。そういえば、次に何か食べたい物ある？」など、仕切り直したときに考えた新しい切り口から、また別の会話を広げましょう。

コミュニケーションはスポーツに似ています。

たとえば、ゴルフでは「理想的な構え」を意識すればするほど筋肉が硬直して、うまくスイングができなくなってしまうことがあります。

そういうときは、一度その場で軽くジャンプして構えを解き、身体の緊張をほぐさなければいけません。

野球やバスケの試合でも、悪い空気のときや相手の流れに飲まれそうなときは監督が「タイム（タイムアウト）」を取って流れを変えようとしますよね。

会話も同じです。硬直してしまったら、何をやってもうまくいきません。

そんなときは、一度「ほぐす」ために仕切り直せばいいのです。

このテクニックは「沈黙」以外の場面でも使えます。

相手のペースに飲まれたり、自分の思うように会話が進まないときは、意図的に「タイム」を取って場の流れを断ち切り、仕切り直すようにしてください。

陰口を言ってくる相手とのつきあい方

関係性が悪い相手に対しても、沈黙してしまう場面はたくさんあると思います。

先日、「同じ部署の人から陰口を言われて悩んでいる」という方から相談を受けました。陰口を言われると、非常に強いストレスを感じると思います。どうしても感情的になって相手に対して悪口を言い返したり、無視したくなったりする気持ちもよくわかります。もちろん、その反応は当然です。

嫌な相手と無理に関係を築く必要はありません。どのような相手とコミュニケーションを取るかは、あなたが主体的に選んでいいのです。

ただし、相手との関係を変えてしまうことで、根本的に解決することも可能です。

ここでは、悪口を言う相手との関係を切り捨てず、関係を改善するためのテクニックを紹介します。

たとえ自分のことを嫌っている相手であっても、コミュニケーションの基本は変わりません。

まずは、「相手がなぜ陰口を言っているのか」相手の目的を把握します。

多くの場合は、嫉妬ややっかみが原因です。そのストレスを陰口で発散することで、自己肯定感を保とうとしているケースがほとんどです。

そこで、陰口を言ってくる相手を、味方に変えるようにコミュニケーションを取りましょう。

たとえば、「最近、仕事のプレッシャーにつぶされそうで苦しいんです。実は〇〇さんしか頼れる人がいなくて、相談にのってくれませんか」と個別に話しかけてみてください。自分の弱みを見せることで1勝を譲り相手に「勝った」と思わせつつ、「秘密の共有」も行って関係性を深めるのです。

ただ、そのようなことをしても「あいつ、最近私を頼ってきたんだよね」と、まだ陰口は続くかもしれません。

でも、はじめはそれでいいのです。「嫉妬していた人から頼りにされている」という状況は、内心では悪い気がしないものです。

コミュニケーションを取り続けることで、いつしか相手も本気で相談にのるようになり、あなたに対して抱いていた嫉妬心が仲間意識へと変わっていきます。

超完璧な伝え方のコツ 20

無理に喋らなくていいと伝える。一度トイレに行って仕切り直す

21

交渉の技術 ——論破はNG。相手を勝たせよ

交渉は準備が10割

仕事をしていると、相手と交渉する場面がたくさんあると思います。

交渉では基本的に「何が出てきても動じない」スタイルを貫けると強いものです。

そのためにも、交渉に臨む前にまず自分の5W1Hを明確にしなければなりません。

そして、**相手が何を言ってくるかもあらかじめ想像しておきましょう。**

交渉である以上、自分のニーズと相手のニーズには必ず乖離があるはずです。その乖離を大前提として、提示される条件を想定するのです。

そのうえで、自分と相手の質疑応答も想定し、答えを用意しておきます。

「今日はこの交渉をしに行くので、相手からは、おそらくこういう返答がくる。そしたら、こう切り返す」と事前にイメージしておきましょう。

私は交渉に臨む前に、返答のパターンを10通りは準備するようにしています。

そして、想定をするなかで、自分が受け入れられる範囲のゴールも決めておきましょう。

「ここまでは譲れるけれど、これ以上は譲れない」という境界線をあらかじめ定めておくのです。これらの準備をしたうえで、交渉に臨みます。

交渉でも勝ち続けるのは損

第1章ではコミュニケーションの前提として勝ちすぎないことが大切とお伝えしました。

交渉においても100%勝つのではなく、「5勝5敗に見える6勝4敗」を目指すべきです。

ポイントは、すべての会話において絶対に相手を否定しないこと。

たとえば、自分が提示した条件Ａに対し、相手は「いやー、うちはＢじゃないとだめですね」と食い違いがあったとします。

そのとき、「いやいや、Ａでお願いしますよ」と自分のニーズを押し付けてはいけません。

「そうですよね。いやー、Ｂは絶対いいですね。〇〇さんにとっては、Ｂじゃないと厳しい面もありますよね」と一度受け入れるようにしてください。

しかし、これは受け入れたフリなんです。

「いいですよね。わかります。じゃあＢを実現するうえでも、私たちとしてはこういう要素がないと難しくて、ここだけ叶えてくれませんか？　それで限りなくＢに近い条件をお届けすることができます」

このように相手のニーズを受け入れているように見せながら、自分のニーズに寄せていく。これが交渉で目指すべきスタイルです。

交渉は非常に難しいコミュニケーションですが、原則は相手と対等であるはずです。対等な関係においては、相手をムキにさせることが一番の損になってしまいます。

相手に一定の満足感を与えることが大事です。

「でも・しかし・とはいえ」など、相手を否定する言葉は絶対に使わないでください。まず示すべきは相手への共感や敬意なのです。

些細なことに感じるかもしれませんが、相手を否定しないというのは、交渉に限らずあらゆるコミュニケーションの基本であり、王道のテクニックでもあります。

交渉で重視すべきは論理より感情

交渉においては相手も会話のなかで「これでいいかな」と思う妥協点を探っています。

それは必ずしも合理的に判断されるものではありません。

人間の判断は、気分や機嫌に大きく左右されるからです。情緒的なところを制するためにも、相手にとって気持ちよく、受け入れられやすい状態をつくることを心がけてください。

たとえ交渉の場面であっても、相手のロジックを潰して、論理的に優位に立とうとするのは悪手です。相手が感情的に負けた気持ちになったり、悔しさを感じてしまったりするからです。

よくある失敗は交渉とディベート（討論）を混同してしまうことです。**この二つは全くの別物です。交渉とディベートでは勝敗を判断する人が異なるからです。**

ディベートはロジックの勝負です。客観的なデータの提示や相手の弱みをついて、相手側のロジックを論破することで勝利が得られます。

その勝敗を判断するのは第三者です。討論に関係のない人が、勝ち負けを決めます。

しかし、**交渉の勝敗は当事者間で決めるものです。**

だから、論理ではなく情緒に訴えていったほうがいいと言えます。

相手を論破しようが、「あなたの話は正しいかもしれないけど、なんか嫌だ」と言われてしまえば交渉決裂です。だからこそ、相手に「勝った」と思わせましょう。

なぜ相手が交渉してきているのか理由を考える

交渉でも大切なのは「想像力」です。「相手はなぜこの条件をつけてきたのか」について考え抜かなければなりません。

たとえば、私は社長として、社員との給与交渉をすることがあります。

130ページで紹介した例の上司の側の立場です。

そのとき「なぜこの人は突然、給料を上げてほしいと言ってきたのか」と相手の背景を何パターンも考えるわけです。

①自分の生活に対し、現状の給料に不満がある
②社員の誰かと比べ、自分の給料が少ないと感じた
③世間の相場と比べて少ないと感じた
④ただ、何となく（ダメもとで）言ってみた

そして、それぞれのパターンに応じて、どのように交渉するのがベストかを想像します。

「②社員の誰かと比べ、自分の給料が少ないと感じた」の場合、「私はAさんと全く同じ仕事をしているのに、Aさんのほうが給料が高い」と不満があるのであれば「給料そのもの」よりも「自分に対する評価」が気になっている可能性があります。

その場合「給与」から「評価」の話へと話題を変えていきます。

一方で、「③世間の相場と比べて少ない」というケースの場合は、「たしかに800万円が相場で、うちが600万だったら200万の差があるよね」と相手の主張を受け止めながら「うちはストックオプション（自社株をあらかじめ定めた金額で購入できる権利）を発行しているよね。これには上場時の含み益が入るから、合計では一緒になるんじゃないの」と、給与以外の報酬を示すようにします。

ポイントは、相手の目的を叶えられなかったとき、相手がどういう行動をとるかまで想像することです。最悪の状況を想定することで、交渉において譲歩できる範囲もあらかじめ決めておくことができます。

同じ給与交渉でも、相手の背景をイメージすることで、返答が全く変わるのです。

相手の背景をイメージせず、「Aさんより評価が低いのでは」と思っている人に対してストックオプションの話を切り出してしまうと、目的がずれて交渉は難航してしまいます。

交渉は「じゃんけん」と同じ

交渉を有利に進めるためには「相手の意図の把握」が必要です。

たとえば、「〇〇について、相談しましょう」と交渉が発生しそうなメールが来たときには、「何を交渉したいのですか？　どんな内容を希望していますか？　その理由は何ですか？」と必ず事前に詳細を聞くようにしてください。

交渉はじゃんけんと一緒です。後出しのほうが有利に決まっています。相手がパーだとわかってから、チョキを出せばいいのです。

ただ、人によっては「それは会ったときに直接お話しします」と濁されることもありますよね。

そんなときは、会ってすぐ交渉に入るのではなく、まずは相手の調査からはじめてください。

「じゃあ、今日のご希望はこれなんですね。それはなぜですか。あ、こういう理由なんですね」と、会話の中で先方の目的や狙いを把握していきます。

そして、できればその日その場で返答をしてください。

その場で返事をせずに「1回預かります」「上司と相談します」「来週までに返答させてください」となることが多いと思います。それを繰り返してしまうと「この人、決定権がないんだ。伝書鳩だな」と軽く思われてしまうからです。

そのため交渉の準備としては、事前に結果を何パターンも想定し、上司の決裁を取っておくのがベストです。

「今月中には受注できるように交渉しています。ただ相手の要求があった場合、2ヶ月先までは待ちたいと思います。その代わり、2回目の受注を約束してもらいます。それでもダメな場合は、年間契約に切り替えたいと思います」

このように、**何パターンも交渉の結果を想定し「この範囲であれば、自分で決めてOK」という状況を用意しておきましょう。**

とはいえ、場合によっては即答しないほうが効果的なこともあります。

たとえば「もう、会社を辞めさせてください」と部下に言われたときは「持ち帰って1週間ずっと考えたけど、やっぱり君が必要だ」と時間をかけて悩んでから答えを伝えたほうが、相手も嬉しくて思いとどまってくれるケースもあります。

また、値下げの要求などに即答してしまうと「最初はぼったくろうとしていたのか？」と不信感を与えかねません。

そんなときは、「値下げは正直厳しいんですけど、私なりに上司と闘うんで、2週間……いや、それはお待たせしすぎなので、10日間だけもらえませんか」など、あえて手間と時間がかかることをアピールしましょう。

敵を味方にするためには、共通の敵をつくり出すことが有効な手段となります。上司を「仮想の敵」にしてしまうことでクライアントと共闘し、仲間意識を生み出すテクニックです。

相手の目的を叶えることは、自分の負けではない

相手の5W1Hを理解したうえで、それを叶えてあげることは、あなたの負けではありません。

「肉を切らせて骨を断つ」という言葉があるように「相手がここまでしか求めていないのであれば、叶えてあげよう。その代わりに、私はここを達成しにいく。相手にも譲るから、自分のここは許してほしい」と交渉材料として利用してください。

交渉でも1勝を譲っていい

交渉で一番難しいのは、先にこちらの手を明かしてしまうこと。

つまり条件や希望が先にバレてしまった場合です。

たとえば、「Aさんから聞いたんだけど、このサービス、本当は1万円でできるんですよね」と最低価格を交渉相手のBさんが知っていたとします。

このとき**「え、この値段でしかやっていませんよ」と嘘をつくことは絶対にやめてください。**

まずは「はい、実は1万円でもできます」と素直に認めてください。Aさんからも Bさんからも信用を失ってしまいます。

ただし、「Aさんのときは、実は○○と□□と△△という条件があって、タイミングもあったので1万円で受けました。Bさんの場合、この条件を満たすことができないので、1万円で提供する場合は、このような条件となります」と条件をつけることができれば、理路整然と説明してください。

それも難しい場合は、素直に1万円で引き受けることも一つの手です。

先に紹介したように「1勝を譲る」と考えましょう。

長い目で見て、今回は気持ちよく勝たせておき、あとから取り返せばいいのです。

超完璧な伝え方のコツ 21

相手の条件を想像し、準備して、感情面で満足させる

22

プレゼンの技術
――質問を利用して評価を高める

プレゼンも相手に合わせるのが基本

プレゼンテーションは「自分たちのよさを伝える場」です。

しかし、その意識が強すぎると「自己満足」という失敗に陥ってしまいます。

具体的に言うと、自分たちが用意してきた資料を読み上げて、発表する時間だと思ってしまうことです。

これは、一番よくありません。喋っているうちに自分でどんどん気持ちよくなって、聞いている相手を置き去りにしているケースが多々あります。

頑張って用意した資料であろうが、相手にとっては「興味のない」情報が少なから

ず入っているものです。

プレゼンもコミュニケーションの一つと考えましょう。

つまり、ここでも相手の5W1Hを把握することが必須です。

相手に質問させる余白をわざと残す

相手が興味のある情報を事前に把握できていれば一番いいのですが、そうではない場合も多いと思います。

そんな状況を打開するためのテクニックがあります。

相手に突っ込ませる余白、質問させる空間をあえて残しておくのです。

長いプレゼンになればなるほど、聞いている側の注意力は散漫となります。すると、相手が「聞きたかったこと」もどんどん忘れて抜けていきます。

あなたから伝えることは必要最低限の情報に絞ってください。3分から5分で簡潔

に話すのが理想です。

そのうえで「気になる点はありますか？」と相手に質問を投げかけましょう。

プレゼンのあとの質疑応答を用いてコミュニケーションを取るほうが、実は圧倒的に情報の定着率が高くなります。

なぜなら、相手が気になることだけを丁寧に伝えられるからです。

ここで思い出していただきたいのは「じゃんけんの原則」です。

じゃんけんは後出しのほうが強い。しかし、プレゼンの場合は、どうしても自分が「先出し」になってしまいます。そのため、相手はこちらの提案に対して反論をしやすくなるのです。

プレゼンですべての情報を出しきると、相手にたくさん反論ポイントを与えてしまいます。

しかし、そうではなく「はい、私はグーでした。あなたは何を出しますか？ パーですよね。ちゃんとチョキも用意してますよ」と、**質問に対して後出しで即座に切り**

返すことがプレゼンで一番強い形です。

元サッカー日本代表で、投資家としても活躍されている本田圭佑《ほんだけいすけ》さんを相手に、私は出資を獲得するためにプレゼンをしたことがあります。その際のプレゼンも伝える情報は絞っていました。

私のプレゼンのあと、本田さんは「興味はあるけれど、これだけでは出資判断がつかないから、いくつか気になる点を質問させてください」と言って「製造拠点とカントリーリスクについて」などの質問を挙げられました。

そのとき、私は「お待ち申し上げておりました」と言わんばかりに「1つ目のご質問に関しては、こういう答えがございます」と即座に回答できたのです。

すると本田さんも「なるほど。はい、わかりました」と納得を示してくださいました。

このように、質問に的確に答えることで、相手に「イエス」と言わせていく。小さなイエスでもいいので、それを積み重ねていくことで相手も提案を受け入れやすくなります。

間違っても「カントリーリスクは不確実性が高いので、考慮してもしょうがないと思います」などと言ってはいけません。たとえそれが正論だったとしても、その回答では相手の心配事に答えられていないからです。相手には不満足な感情しか残りません。

ツッコみたくなる罠を用意しておく

プレゼンの場で「聞いている側」は自分たちのことを評価者だと思うものです。そのために自然と「マイナス点」を探す心理になっています。

「準備したことを伝えるためにも、たくさん話さなきゃ」と思って資料を読み上げる人も多いのですが、逆効果です。**情報が多ければ多いほど「粗探し」をされてしまい、質問に対してうまく返答できなくなってしまいます。**

評価者の心理を逆手に取り、あえて「ツッコみたくなるポイント」を罠として用意しましょう。「ここが、気になるな！」「この点、甘いんじゃないかな」と思い質問してみたら、完璧な答えが返ってくる。その効果は抜群です。

自分の得意な部分や、自信があるものほど、相手にツッコませてカウンターを狙いましょう。あえて余白を残し、罠を踏ませるというのは、プレゼンにおける強力なテクニックです。

質問していないのに質問した気にさせる

プレゼンをしたあとに、相手とのコミュニケーションができないケースもあります。たとえば、スピーチや講演などで聴衆が多くなる場合は一方向のコミュニケーションが基本です。

しかし実はこの場合でも、双方向のコミュニケーションを再現することができます。

一方向のプレゼンの場合、聞いている側に質問の機会はありません。しかし、「評価者」の心理で聞いている点は同じです。

そこで**テクニックとして使えるのが、聞き手の質問を自分で前置きすることです。**

たとえば、「ここで、みなさん必ずこういう質問をされます。『なぜ、このサービスは受け入れられるのか？』」と前置きをすることで、聞いている人も「あ、質問してないけど、たしかに自分も気になる」と疑問を抱きながら話を聞くようになります。

その**「気になる心理」をつくってから「その答えは、こちらです」と答えを披露することで、聞き手は「自分が疑問に思っていたことが解消された」と感じるのです。**

この話し方によって、プレゼンに対する満足度も高まります。

たとえば、私はこのように話します。

「投資家によく聞かれる質問が『これ、生産体制はどうなっているんですか？』というものです。『必ず供給は受けられるんですか？』、『つくれなくなったときのリスクってどう考えてるんですか？』と必ず質問されるんですよね。しかし、ご安心ください。うちの生産体制は万全です。これらの疑問は完璧にクリアしています」

このように、前置きで「投資家目線の質問」を引き合いに出してから答えを示したほうが、聞かれてもいないのに「うちの生産体制は万全です」と言うよりも、プレゼンとして刺さりやすくなるのです。

またこの場合、生産体制について気になっていなかった聞き手にも、「あ、その点は気づいてなかったけどたしかに重要だったな」と気づかせることができます。

とくに伝えたいことの前には「質問」を自分で入れることで、より聞き手の印象に残しましょう。

質問によって相手の興味を誘導するのも、伝え方のテクニックの一つです。プレゼンに限らず、会議での発表など普段の仕事で使える技なので、ぜひ試してみてください。

超完璧な伝え方のコツ 22

「気になる心理」をつくってから答えを披露する

23

印象に残す技術
――強い言葉と丁寧な説明を織り交ぜる

強いパンチラインの中国と丁寧な説明の日本

私は中国と日本の二つの国で育ちました。

中国的なコミュニケーションと、日本的なコミュニケーションの違いは「直接か間接か」です。

中国では起承転結の「結」からズバッと伝えることが多くあります。その点では、アメリカと同じです。中国語の文法も英語と同じで、「誰が、何をしたか」を最初に伝えるという特徴があります。

そのため、中国のほうが強いコミュニケーションのスタイルだと思います。

私も中国人の友人と喋っていると、結論から言ったり、一番強い単語を使うことが多いので「圧が強いな」と感じるケースは多くあります。

中国人のコミュニケーションは直接的で、硬くて、強いという印象です。

一方で、日本語では主語述語の位置が比較的自由で、省略されることもあります。

日本人のコミュニケーションは、間接的で、柔らかくて、優しいという印象があります。

もちろん、個人によって違いはありますが、大きく分けるならそのような特徴があると感じています。

グッと引き寄せてから細かく説明する

もちろん、どちらのスタイルもコミュニケーションをするうえでは重要です。

私は**中国と日本のスタイルを組み合わせて使うことを意識しています。**

テレビや雑誌のインタビューでは「パンチラインが強いですね」とよく評価してい

ただけます。これはおそらく中国の「結論から伝える強いコミュニケーション」がベースにあるからです。最初に「ドン」と言い切ってしまったほうがわかりやすいので短く簡潔に伝える必要があるときは、中国人っぽさを出すように喋っています。

「パンチライン」はネットニュースのタイトルや本のタイトル、見出しのようなものです。**見出しが弱いものはそもそも「知りたい」と思われません。**

一方で、強い見出しは印象に残りますが、それだけだと意味がわからないことも多くあります。そのため「強いパンチライン」のあとは日本的な「柔らかく丁寧な説明」をするように心がけています。いわば、中国と日本のハイブリッドです。

たとえば、プレゼンテーションをするときには、「僕がやる事業は、僕以外には誰にもできないと思います」と冒頭ではあえて強い言葉を使います。

ここだけ聞くと「なんだ、この人。偉そうに」と反感を生むかもしれません。しかし、そのぶん「一体何をやるつもりなんだ」と興味も持ってもらいやすいのです。

パンチラインでグッと引き寄せたあと、細かな数字や実績を見せながら、謙虚に丁寧に説明していきます。すると、最初は少し反感を抱いていた相手にも「なるほど」

と最終的には納得してもらえるのです。

パンチラインを生み出す便利な枕詞

実は、強いパンチラインを簡単に生み出すためのテクニックがあります。

枕詞を使えばいいのです。

たとえば、**「結論から申し上げますと」**。冒頭でこの枕詞を使うと、相手も「あ、いきなり大事なことを喋るんだ。何だろう」と聞くためのスイッチが入りやすくなります。

他にも「単刀直入に言うけど」「ダイレクトな言い方をすると」などの枕詞が強いパンチラインを生むマジックワードです。

日常のコミュニケーションではあまり聞かない言葉なので、言われたほうはドキッとします。

私の場合、「言いづらいけれど相手の印象に残したいこと」を伝えるときにも、この枕詞を使うことがあります。

たとえば、「はっきり言うけど、最近、君のパフォーマンスが低い」。

こう言うと、相手はすごくショックを受けるはずです。しかし、そのあとにすぐ、柔らかく丁寧にフォローと説明をしていきます。

「いままでの様子を見ていると、君はすごく仕事ができているし、期待もしている。営業は誰よりも得意なのに、この部分だけができてないじゃない。他はちゃんとできているのに、ここで損するなんてもったいないよ。ここをしっかりやれば、君は会社のトップに行けるのに。ここだけ頑張ろうよ」


このように説明していくと「パフォーマンスが低い」と言われたときの感情的なショックはだんだん和らいでいきます。

そして、感情的なショックが和らいだあとには、「パフォーマンスが低い」という言葉は明確な指摘として記憶に残るので、相手がやる気になれば、改善してくれる可能性は高くなります。


このように、**言いづらいことほど最初にパンチラインとして強く打ち出し、そのあ**

との言葉でサポートしていくと、指摘や指導も効果的です。

ただし、パンチラインの言いっぱなしで終わってしまい、そのあとの丁寧なフォローがないと、相手にも負の感情が残るだけで逆効果になってしまいます。

使い方を間違えるとパワハラにもなりかねないので十分に注意してください。

超完璧な伝え方のコツ 23

「結論から言うと」などの枕詞を使い、強い言葉からはじめる

第 4 章

誰とでも超完璧なコミュニケーションを実現する「7つの幅」

24

声の幅
——意識するだけでコミュ力38%アップ

声が与える印象は大きい

第4章では相手に合わせて「超完璧な伝え方」を実現するための「コミュニケーション7つの幅」をお伝えします。

まずは「声の幅」です。

コミュニケーションのなかでも、聴覚情報のインパクトはかなり大きいと言われます。

メラビアンの法則でも、聴覚情報が相手に与える印象は、実に38%を占めています。

つまり、**声の大きさや、声質、抑揚の幅だけで「38点」取れるのです。**

同じようにメラビアンの法則では視覚情報が55%を占めるので、見た目と声を意識

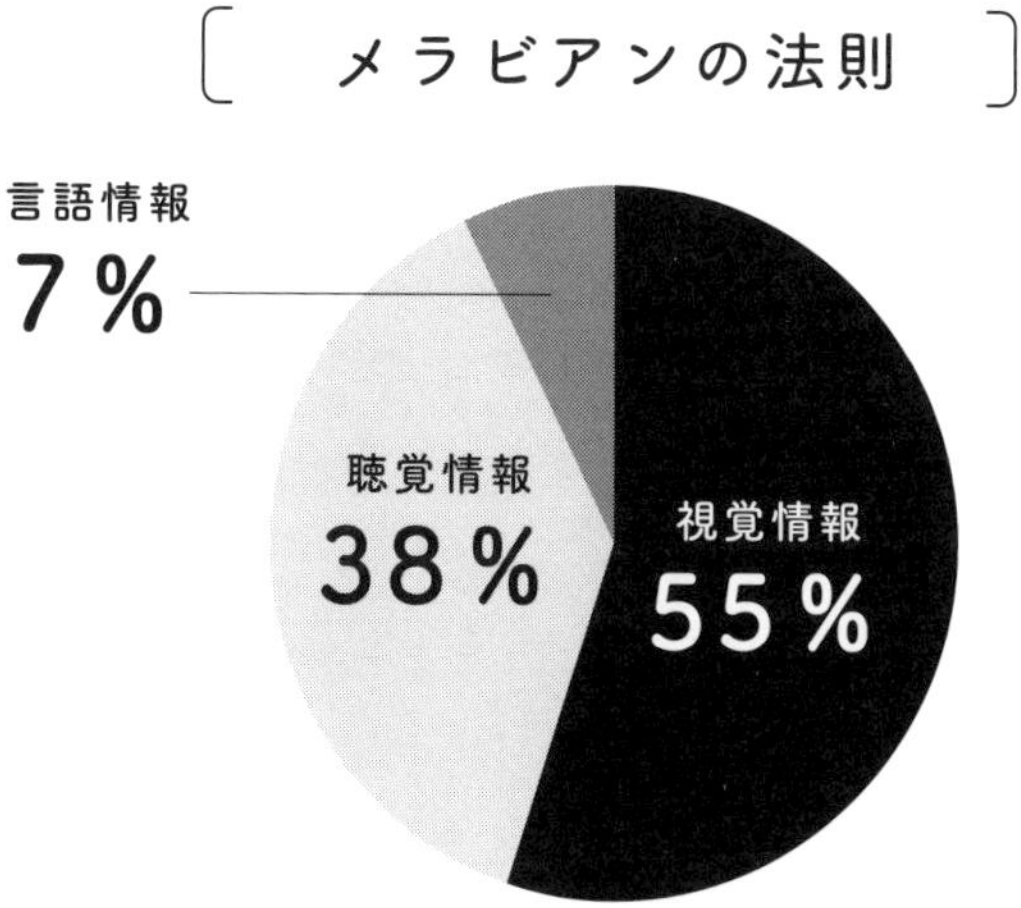

すれば、80点から90点を取ることができます。これだけでかなりの高得点です。

視覚情報はコントロールできます。服装、髪型、メイクを変えるだけで、相手に与える印象も変えられるのです。場合によっては、整形もできるでしょう。

もちろん、見た目については多くの方がすでに意識をしていると思います。

しかし、声については「これが当たり前の自分の声」だと思ってコントロールを意識していない人が多いのです。それは、とてももったいないと思います。「声」が相手に与える影響は絶大です。

7つあるコミュニケーションの幅のなか

で、私が一番大事にしているのも「声の幅」です。まずはぜひ、「声はコントロールできる」と意識してください。

相手の無意識の「当たり前」に合わせる

聴覚情報にも相手の好みが存在します。

人は自分の好みのペースで話すものです。そのため、早口の相手に対しては自分も早く喋り、ゆっくり喋る相手には自分もゆっくり喋るのが基本です。

相手のペースに合わせて喋らないと、イライラが発生してしまいます。多くの人は無意識に「自分のペースが当たり前」と思っているからです。その「当たり前」から少しでも離れてしまうと、ストレスを感じてしまいます。

だからこそ、**相手の「当たり前」のなかに飛び込んであげましょう。同じリズムで会話ができると、コミュニケーションにも齟齬が生まれにくくなります。**

小さな子どもに話しかけるときをイメージしてみてください。

子どもと話すときに、仕事のときと同じスピードで話しかけても通じるはずがありません。当然、相手に合わせて喋るときのペースやトーンは変えるべきです。

しかしなぜか、相手が大人になると「自分の話すペースは相手にも通じる」とほとんどの人が思い込んでしまいます。

相手への思いやりを持ち、声の大きさやトーンを相手に合わせて調整するのが大切です。

声質も意識してコントロールする

「声の高さや低さ」である声質も重要です。

たとえば、安田大サーカスのクロちゃんの高い声。あれはまさに独特の声質ですよね。他にもハスキーな声や、はっきりとしたクリアな声の方もいます。私は重低音の声と言われることが多いです。

生まれ持った声の高さや低さはどうしてもあるので、出せる音の幅には限界があり、自由なコントロールは難しいかもしれません。

ただ、**日常的に意識することで、ある程度の幅は生み出すことができます。**

たとえば、友達と会うときは「こんにちは！」と高い声で挨拶する。仕事では「いや、本当にわかります」と低い声で話す。声の高低を相手や状況に応じて使い分けることで、より完璧なコミュニケーションが可能になります。

声の大小は心理的な状態に左右される

声の大小には心理的な状態が影響します。そもそも自信がないときは、自然と声も小さくなるものです。

自信のある状態をつくることは、声をコントロールする観点からも重要です。

たとえばプレゼンをする際にも、**調べ尽くして自分が一番よくわかっている状態になるように準備し、「誰に何を言われても言い返せる」と思うことができれば、声も大きく出せるようになります。**

もちろん、声は大きいほどいいというわけではありません。「関係性を深める技術」で紹介したとおり、「秘密の共有」や「特別感」を演出するときにはあえて小さい声で話すほうが有効です。

自分が話すところを録画して観察する

新入社員の頃、「お前、自分のプレゼン見たことある？」と先輩に言われたことがありました。

それまで自分の喋っている姿を見たことがなかったので、プレゼンの動画を撮影して見てみると、とんでもない自分のクセに気づきます。

プレゼンのときに「あー」とか「えー」とか「えーと」ばかり言っていたり、自分が思っている以上にわけのわからないこと言っていたりしたのです。視線も右に行ったり、左に行ったり、自信がないときは上を見たり、とにかく落ち着きがありません。

そのような自分のクセは普段客観視することができません。悪いクセを直し理想のコミュニケーションに近づけるためにも、喋ってるときの自分のクセを把握することは重要です。

「自分のコミュニケーションの様子を録画して、客観的に見たときに感じたことを書

き出す」のはよいトレーニングになります。

録音や録画をして、「ここの声が高すぎるな」「目線がずれてるな」と紙に書いてみてください。そして、自分で自分を見たときに「聞き取りやすい人」なのか「聞き取りづらい人なのか」を分析します。

あなたが聞き手になったときに「この人の話、聞きやすいな」と思う人を「お手本」として見つけておき、その人と自分の差を探すのが上手に分析するためのポイントです。自分の改善点を把握するためにも、画面に映った自分を「敵」として粗探しをするように見てみましょう。

多くの改善点が見つかるほど、あなたのコミュニケーションはもっとよくなります。

自分の声を聞くのは誰でも恥ずかしい

自分の姿を自分で見たり、自分の声を自分で聞くのは、恥ずかしいですよね。

その気持ちはすごくよくわかります。私もはじめて自分のプレゼンの動画を見たときは、恥ずかしくて最後まで見ていられませんでした。

しかし、目をそむけないで、ぜひ自分の姿をじっくりと見てみてください。

私の場合、ここ数年で「バチェラー4」をはじめ様々な番組に出演するようになったことで、嫌でも画面越しに自分の姿を見る機会が増えました。すると、だんだん慣れてきて「この喋り方、失敗してるな」「このアイコンタクトはよかったな」「ちょっと声が走っちゃったな」と客観的にわかるようになったのです。

自分の欠点を一度ですべて把握する必要はありません。

恥ずかしさに慣れるには時間がかかるので、少しずつ何度も繰り返して自分の喋る姿を見るようにしてください。

カメラに普段の自分を映す

「バチェラー4」のようなリアリティショーでは、インタビューを除き、カメラに向かって喋ることは基本的にありません。

あくまで、相手と喋っている姿を真横から至近距離で撮っているわけです。だからこそ、私はまさに客観的に自分の姿を見ることができました。

ただ、もし自分で自分の姿を撮影するとなると、カメラを意識して普段通りに振る舞えない人も多いと思います。

カメラに向かって話す必要はありません。理想は、いつも通り相手と話している状態を撮ることです。

撮影する場合はカメラを事前にセットしておき、録画の前にもある程度時間を取って、普段通りに過ごしておくのが理想です。カメラに慣れるところからはじめると、自分の普段のコミュニケーションの姿をより客観的に撮影することができます。

ZOOMで自分の顔を見ながら喋る

ただ、カメラでの撮影には準備も必要ですし、慣れるまで時間がかかって大変ですよね。もっと手軽な方法はないでしょうか。

実は、一ついい方法があります。

ZOOMやTeamsなどの「ビデオ会議」で自分の喋る姿を確認すればいいのです。

超完璧な伝え方のコツ24

自分の姿を録画して クセを把握しておく

オンライン会議で発言するとき、あなたは画面のどこを見ていますか？

もしかすると資料を見たり、聞いている人の顔を見ているかもしれません。

そうではなく**「画面に映った自分の顔」を見ながら喋ってみましょう。**

これこそ、自分が喋るときの姿をリアルタイムで確認できる、絶好の機会です。

自分の喋る姿を見ることで「こういう喋り方をすると照れているように見えるな」や「手を動かすことが多いな」と自分のクセに気づけます。

そこではじめて自分のコミュニケーションのクセを知る人も多いはずです。

自分の表情は自信があるように見えるのか、笑顔になっているのか、焦って喋っているのか、遅すぎるのか。自分で見ると非常によくわかります。

クセを把握し、「お手本」に近づけるように改善していきましょう。

25

目線の幅
――アイコンタクトで「空気」を操る

アイコンタクトの目的

コミュニケーションの幅2つ目は「目線の幅」。アイコンタクトについてです。

よく「相手の目を見て話しなさい」と言われます。相手の目を見ることで「自分の真剣さ」を証明することができるからです。

たとえば、悩み相談を受けたときに「大変だったね」と言いつつスマホを見ていたりすると「話、聞いてるの？」と怒られるのは当たり前ですよね。

話しやすい空気をアイコンタクトでつくる

ただし、ずっと相手の目を見ていればよいのかというと、そうではありません。これもコントロールするべきです。

たとえば、「ミスをしてしまった」などネガティブな報告をしなければならないときに上司がずっと目を見てくると、部下としては怖くて喋りづらいですよね。

相手の目を見すぎることで余計な圧を与えてしまい、聞くべき情報が聞き出せなくなってしまいます。そんなときは、あえて目線を外すというコントロールが必要です。

私の場合、もし部下が悪い報告をしなければならないとしたら、パソコンの画面や資料に目を落としながら、相手の目を見ないまま聞くようにします。

そして向かい合ったときには、机から離れていつもより身体的にも相手と距離を取ります。相手に圧をかけず、リラックスして話すことができるように、自分の真剣度が低いことを暗に伝えるわけです。

アイコンタクトで話しやすい空気をつくる

①目線を合わせる

メリット

■ 熱意、真剣さが伝わる

デメリット

■ 相手へのプレッシャーになる

---

②目線を外す

メリット

■ 相手がリラックスできる

デメリット

■ 集中していないように見える

アイコンタクトは相手に情熱や集中力を伝えられる一方、プレッシャーにもなります。**相手をリラックスさせつつ、意識は外さないように、計画的に視線を合わせましょう。**

相手の目を見たとき、目をそらさずに合わせてくれる人であれば、アイコンタクトが多くても大丈夫なタイプです。

ただ、目を見たときに少しそらす人や、無理をして目を合わせるような人に対しては目線を外したほうがいいでしょう。できれば、目だけでなく体の向きも少し横にずらしてください。姿勢を変えることで、目が合わない時間を自然と増やすことができます。

超完璧な伝え方のコツ 25

相手の目を見ないことで余裕を与える

26

姿勢の幅
——見えない部分をさらけ出す

できる営業がパソコンでメモを取らない理由

コミュニケーションの幅3つ目は「姿勢の幅」です。

次の2つのイラストを見て、どちらの相手が信頼できるか考えてみてください。

いかがでしょうか。②のほうが信頼できませんか。

何が違うのかというと、②のほうは「自分の情報を開示」しているのです。

パソコンの画面や手元に何があるかを開示することで、心理的に「この人は、自分の情報をさらけだしてくれている」と相手は感じます。

［　どちらの相手が信頼できるか？　］

①パソコンの背をこちらに向けている

②パソコンの画面をこちらに向けている

それが信頼感や親近感につながるのです。

一方の①はパソコンの背面を相手に向けています。相手が何を見ているのかわからないと気になりますよね。見た目にも壁を感じます。ちょっとしたことですが、実はこれが不信感や距離感を生むのです。

だから「できる営業担当者」ほど、絶対に相手にパソコンの背面を向けて作業しません。何かをするときは必ず相手に画面を見せています。

会議でパソコンを使って議事録を取るときや、打ち合わせや商談でパソコンを使う際はぜひ意識してみてください。

相手から手元が見えるように紙や手帳を広げてメモをすることも「自分の情報開示」として効果的です。

「リラックスしています」とアピールする

脇を見せる

コミュニケーションを円滑にするテクニックとして私がよくやっているのは「脇を見せる」ことです。

背伸びをしたり、頭の後ろで手を組んだりすると相手から自分の脇が見えるようになります。

これは**「リラックスしています」というアピールです。**

脇はふだん人に見せたくない場所です。そこを見せることは「警戒してませんよ」というメッセージにもなるので、相手もリラックスしやすくなります。

緊張や焦りは手足に出る

緊張したときは、「指先や手先」に注意してください。

人の感情は末端に出ます。つまり、指先や手先には緊張や焦りが現れやすいのです。

緊張している人ほど足が動いたり、手が動いたりしてしまいます。

緊張しているときは「指先だけは動かさないように」と意識してください。

すると、それだけで相手からは堂々としているように見えます。プレゼンテーションや面接など、大切な場面で使っていただきたいテクニックです。

超完璧な伝え方のコツ 26

自分の情報や弱点を見せるような姿勢を取る

27

語彙力の幅
――子どもと話すように誰とでも話す

語彙力は知っている言葉の数ではなく、適切な言葉を選ぶ力

コミュニケーションの幅４つ目は、語彙力です。

語彙力とは、難しい単語をたくさん知っていることではありません。**相手の理解力に合わせて単語を選び、組み合わせて使う力だと私は捉えています。**

重要なのは、相手がどうすれば理解できるのかを考えることです。

「この単語なら知っているかな。この言い方のほうが伝わりやすいかな」と言葉を入れ替えながら会話の中で相手の理解度や知識、共通認識を把握していきましょう。

一見、難しそうに思うかもしれません。でも実は、みなさん自然と相手の語彙力に合わせている場面があります。それは、幼い子どもと喋るときです。

「声の幅」でもお伝えした通り、子どもと喋るときに大人相手のように早口で話す人はいませんよね。自然とゆっくり話すようになりますし、できるだけわかりやすい言葉を使うようになります。

たとえば、「犬」のことを「ワンワン」と言ったり、「車」を「ブーブー」と言ったりするはずです。これが、「相手の語彙力に合わせる」ときの一番わかりやすい例です。

しかし、**子ども相手にはできるのに、なぜか相手が大人になると「合わせる」という意識がなくなり、自分の使いたい言葉で話す人が多くなってしまいます。**

コミュニケーションが疎《おろそ》かになる理由は、油断と傲慢です。相手に合わせた調整は常に忘れないようにしてください。

できるだけ多くの人が知っているものでたとえる

あらゆるコミュニケーションの前提は「自分の常識と相手の常識は絶対的に違う」ということです。だからこそ、共通認識があるもので話をしなければ伝わらないことがたくさんあります。

共通認識をうまく活用したコミュニケーションが「たとえ話」です。

日本では、「とにかく打席に立たないと、結果も残せない」や「コミュニケーションはキャッチボールだよね」など、野球にたとえることが多いと思います。野球は日本で非常に人気があるスポーツで、知識を持っている人も多いからです。

ところが、中国で物事を野球にたとえる人は、ほとんどいません。もしたとえるなら、卓球のほうが伝わりやすいと思います。

つまり、日本人と中国人のあいだでは野球が共通認識になりません。野球のたとえ話をしてもコミュニケーションは成立しないわけです。

たとえ話には「できるだけ多くの人が知っている事柄」を選ぶのが基本となります。私の場合は本書でも何回か使っているように、日本では認知度の高い「野球」と、より認知度の高い「じゃんけん」をたとえ話にすることが多いです。

複数のパターンで説明できるようにする

相手が理解できるように「どう話すか」も大切です。

プロ野球選手やプロゴルファーには、長年の経験から自分の感覚を言語化できる方も多くいます。ところが、その感覚はその人独自のものであり、そのまま他の人に伝えても理解できるとは限りません。

そのため、野球やゴルフには「ティーチングプロ」という職業が存在します。ティーチングプロは人に教える専門家です。「なぜ、これが理解できないのか」を相手に合わせて分析し、その人に伝わる言い方で教えることができます。スイングの仕方一つを伝えるために、５パターンや10パターン以上の伝え方を持っているのです。

一つの事柄について、相手に合わせて複数のパターンで説明ができるように準備しておくことで、相手の理解度は大きく変わります。

語彙力を高めるには人と話すのが一番

難しい言葉を覚えるだけでは意味がありません。

とはいえ、コミュニケーションの幅を広げるうえでは、様々な単語や表現を使えるようになっておいたほうがよいこともたしかです。

語彙を増やすために必要なのは、インプットではなくアウトプットの繰り返しです。

いくら本を読んだり、テレビを観たりしても、実際に自分で使わないと新しい言葉は身につきません。英語で洋画を観てもなかなか覚えられないのと一緒です。

とはいえ、難しく考える必要はありません。ただ誰かと話せばいいだけです。

新しく知った単語や言い回しを相手に向かって実際に喋ってみてください。

すると、相手は何かリアクションをしてくれます。その言葉が伝わっているか、使える言葉かどうかは、相手の反応でわかるわけです。
その繰り返しで「伝わる語彙」を集めていきましょう。

超完璧な伝え方のコツ 27

相手との共通項を探して たとえ話をする

28

コンディションの幅
——常に油断せず、想像をめぐらせる

相手の機嫌に合わせ調整を続ける

コミュニケーションの幅5つ目は、コンディションの幅。つまり、機嫌や体調、テンションのことです。相手のコンディションによって、自分のコミュニケーションも日々変える必要があります。

車のタイヤをイメージしてみてください。同じ道であっても晴れた日と雪が積もった日では路面のコンディションは全く違います。雪が積もっていたら、当然滑りやすくなるので、スノータイヤに履き替えないといけません。

相手のコンディションも同じです。機嫌がよい日もあれば、悪い日もあります。あるいは、話しているうちにテンションが変わってしまうこともあるでしょう。路面の状況よりも、人間の機嫌のほうが変わりやすい。だから、相手の機嫌に合わせて自分が履くタイヤも変えなければいけません。

選ぶ言葉もシチュエーションも、柔軟に変更する必要があります。

とはいえ、もちろん天気予報ですら外れることがあるのに、人間の機嫌なんてもっと予測不可能です。

過去に私も失敗したことがあります。女性と2人で楽しくお酒を飲んでいたとき、普段は「ビシッ」としてカッコいい彼女が酔っ払うと天然っぽくなって、そのギャップが可愛いと感じたんです。

だから「お酒飲むと、意外とポンコツで可愛いね！」と褒め言葉のつもりで思わず言ってしまいました。

すると彼女は「はぁ？　ポンコツって何？　人生でそんなふうに言われたこと一度もない！」と突然大激怒してしまったのです。

私は「雰囲気もいいし、少しカジュアルな言葉で褒めても大丈夫だろう」と感じていたのですが、まさか怒られることになるとは思いもよりませんでした。

彼女も酔っ払って冗談が通じなくなっていたのかもしれませんし、もしかすると別のところで嫌なことがあったのかもしれません。

普段は理性的な人でも、そのときに限って怒ってしまったということもあります。

相手の機嫌やコンディションは不確実性が高く、完璧に読み切るのは非常に難しいものです。

だからこそ、「雑談の技術」で紹介したアイスブレイクで、相手のコンディションを探りながらコミュニケーションを取るようにしてください。

超完璧な伝え方のコツ28

相手の機嫌に合わせてリアルタイムで言葉を慎重に選ぶ

29

場所の幅
――「どこに座るか」だけでも結果は変わる

コミュニケーションはシチュエーション選びからはじまっている

コミュニケーションの幅6つ目は、「場所の幅」です。
相手とどこで話せばいいのか、完璧な選び方を紹介します。

たとえば恋人に「好きです」と告白するとき、商店街の騒がしい場所で言うのと、予約したレストランの窓側の席で言うのでは、どちらのほうがより想いが伝わるでしょうか。

当然、後者ですよね。

話す内容や話し方だけではなく、場所によってもコミュニケーションの質は大きく変わります。

77ページに書いたように、モチベーションが低い社員の本音を聞くためには、社内ではなく「カフェのテラス席でランチ」という場所を用意するなど、あなたの伝えたいことが１００％伝わるようにふさわしい場所やシチュエーションを選んで用意することも、コミュニケーションにおいてとても大切な要素です。

たとえば、伝えやすいシチュエーションを売りにしているのが「バー」です。

ただお酒を飲むだけであれば、居酒屋でもいいはずですよね。しかし、大事な話をするときは、多くの人が居酒屋ではなくバーを選ぶはずです。

暗くて静かなバーでは、自然と声も小さくなります。互いの距離も近づきますし、ヒソヒソ声で話をしていると「関係性を深める技術」で紹介したように「秘密を共有する感覚」も生まれやすくなります。相手に対して親密な感情を抱きやすいのです。

視線の選択権がある店を選ぶ

コミュニケーションの目的を達成するためには、適切な雰囲気の場所を選ぶことが重要です。

とはいえ、必ずしも「高級なお店」に行く必要はありません。

私がオススメするのは「カウンターに座れるお店」です。なぜなら、お互いに視線の選択権を自由に持つことができるからです。

テーブルに向かい合って座ると、目の前には常に相手がいる状態となります。つまり「お互いに相手を見ている状態」が強制され続けるのです。

そのため、相手が少し体をそらしたり、目線を外すだけで「何でだろう？」と気になってストレスが発生してしまいます。

しかし、カウンターでは横並びに座ります。相手が目の前にいるわけではないので、お互いの目線が気になることはありません。

相手のほうを見たいときには横を向いて見ればいいし、見たくないときは見なくてもいい。視線の選択権が自分にあるのです。

「視線の幅」を自分で調整できるので、コミュニケーションを取るのがすごくラクになります。

バーも基本はカウンター席が多いですよね。

テーブル席ではどうしても距離が遠くなるので、声もある程度大きくしなくてはいけません。だから、「秘密の共有」が難しくなってしまいます。

大切な話をしたいときや親密になりたい相手がいるときは、高級なお店を探すよりも「カウンターに座れるお店」を探してみてください。

どうしてもカウンターではなくテーブル席になってしまった場合は、できれば正面ではなく横の席に移動してみるのもいいと思います（とはいえマナー違反になるお店もあるので、注意してください）。

会議では相手の正面に座らない

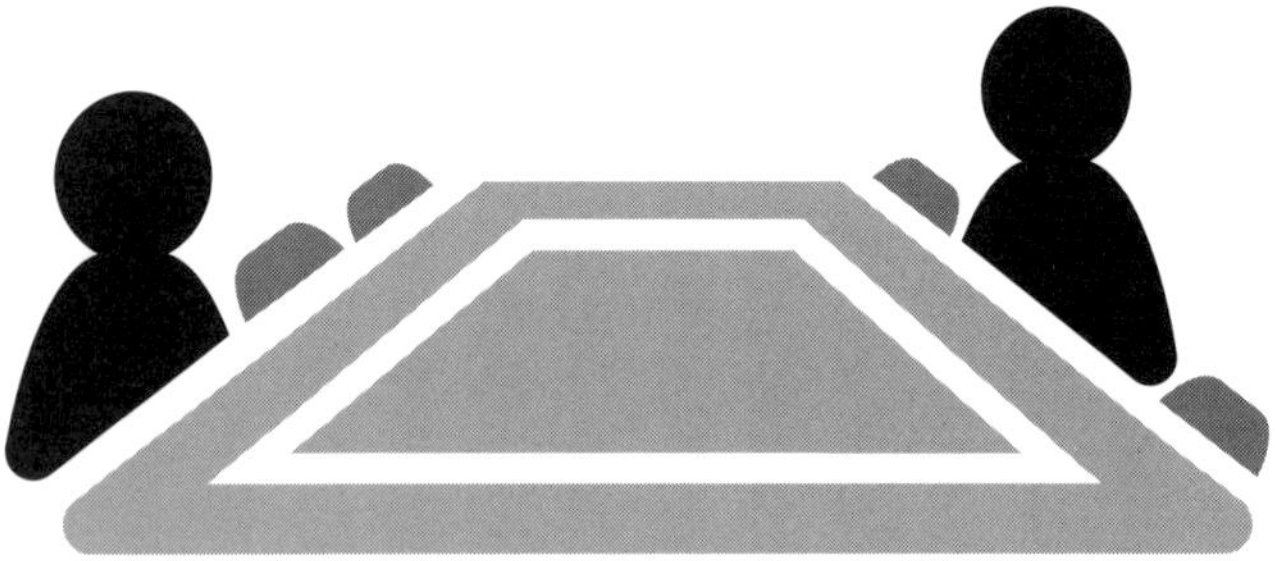

会議室でも真正面には座らない

これは1対1やプライベートに限った話ではありません。

仕事における会議などの場合も、できるだけ相手の正面に座らないようにしてください。

もちろん、上座・下座などのビジネスマナーを守るのは大前提です。そのうえで、もし可能であれば座る位置をコントロールしてみましょう。

たとえば**6人がけの席で相手が真ん中に座ったら、正面の席は空けて左右どちらか**

の席に斜めに座ってください。自分だけでなく、相手も緊張させないためのテクニックです。

もし席数の関係で、どうしても正面に人がくる場合は、できるだけ「緊張しない相手」が座るような席を選んでください。

「コンビニ、一緒に行かない？」で時間をつくる

仕事ではタバコを一緒に吸うことでコミュニケーションの時間をつくる「タバコミュニケーション」もあります。

ただ、非喫煙者の方はマネできませんし、喫煙所も少なくなっています。

そこで誰でもできるオススメのテクニックは「コンビニ、一緒に行かない？」と誘って話す時間をつくることです。

会社から最寄りのコンビニに行って、何かを買って帰る時間は平均で10分から15分くらいでしょうか。**その間はオフィスから外に出ることで少し解放された気持ちにも**

なり、普段できないような会話ができます。時間が限られているので、かえって話しやすいという側面もあるかもしれません。

他にも「コーヒーに一杯付き合ってくれない？」と誘うテクニックもあります。

オンラインで絶対にやるべきこと

リモートワークが広がり、オンラインでの会議も当たり前になりました。

その一方で、対面で会って話すことの価値も見直されています。

私は、基本的には対面派です。それは、人の表情とリアクションを把握しやすく、自分の身振り手振りやトーンも伝えやすいので、コミュニケーションのロスが少なくなるからです。

オンラインの場合、場所の制約がなく気軽に集まれるという大きなメリットがある一方、対面に比べるとどうしても集中度は低くなりがちです。

とくに、**ビデオ（映像）をオフにすると「何か他のことをやろうかな」という気持**

ちになってしまいます。話をしているほうからしても、相手のリアクションが見えないので、とても話しづらく感じるものです。

私は、たとえ自分に話す機会がなかったとしても、オンライン会議に参加するときは必ず自分のビデオはオンにするようにしています。顔を見せたほうが相手もコミュニケーションが取りやすいですし、自分自身の集中力も高まるからです。

場所のギャップを応用するテクニック

最後に上級編のテクニックも紹介します。

「こんなところで、絶対に言うべきじゃないこと」をあえて伝えることで、ギャップが生まれて相手に強く印象を残すことができるのです。

このテクニックを使っているのが「フラッシュモブ」です。

街中で知らない人たちが突然踊り出し、「何？」と思っていたら、隣にいた彼氏も唐突に踊り出す。そして、最後に指輪を渡してプロポーズされる。

普段のコミュニケーションからは非常にギャップがありますよね。「人前で踊るなんて、恥ずかしい。だけど、相手はそれをしてくれたんだ」と忘れられないプロポーズになるわけです。

この振り幅が大きければ大きいほど、相手の印象に残ります。

とはいえもちろん、嫌がる人もいるので、もし実行する場合は相手がギャップに喜んでくれる人かどうかを十分に見極めてからにしてください。

超完璧な伝え方のコツ 29

視線の選択権を持てる場所を選ぶようにする

30 キャラクターの幅
──一瞬のキャラ変で虜《とりこ》にする

キャラクターのポジションを決める２軸

コミュニケーションの幅、最後の７つ目は、「キャラクターの幅」です。

キャラクターといっても「王子様キャラ」「俺様キャラ」など特別なキャラクターをつくる必要はありません。

次のページの図のように、

「まじめ・真剣」⇕「面白い・ユーモア（ジョーク）」

「かっこいい・クール・頼れる」⇕「かわいい・キュート・母性をくすぐる」

の２軸のなかでどのポジションを取るか、相手に合わせて考えるだけです。

キャラクターの2軸

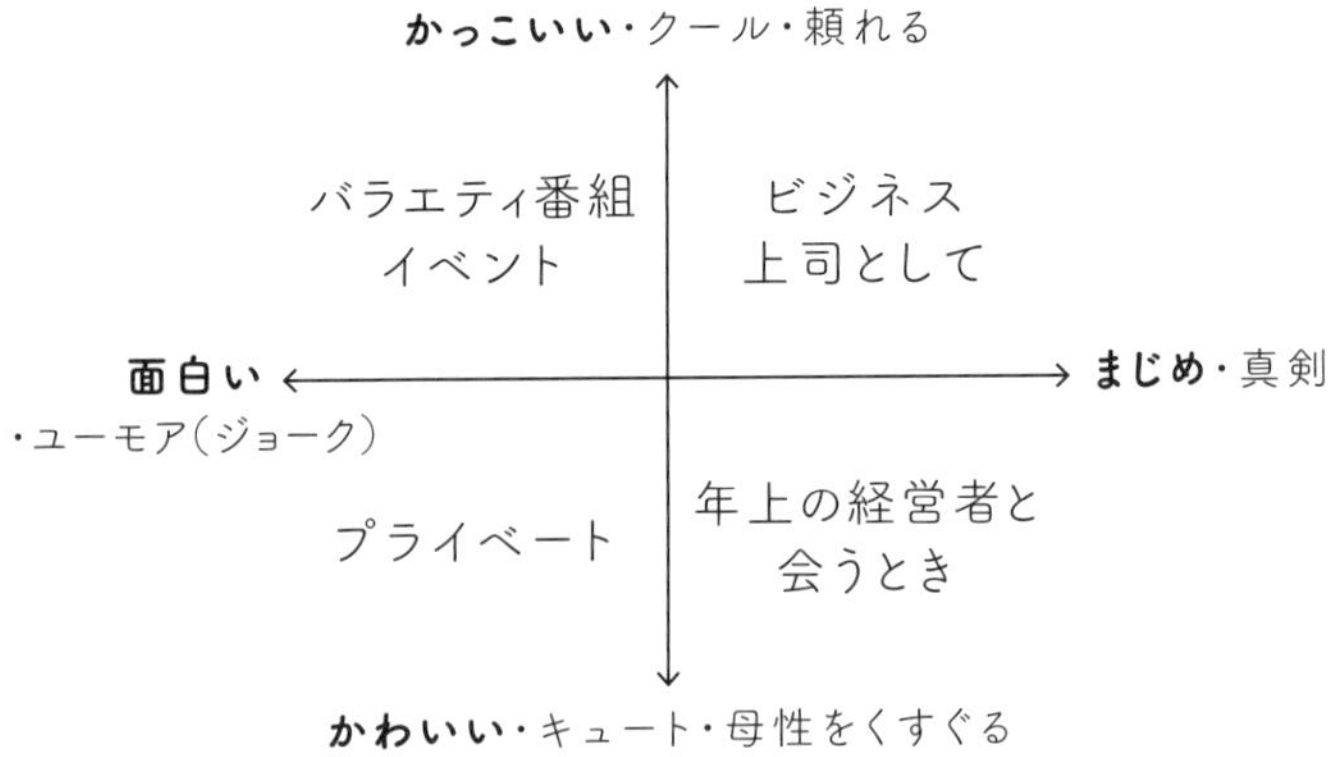

たとえば私の場合、右上の「まじめ」×「かっこいい」はビジネスマンとしての自分です。ニュース番組に出るときのように、スーツを着てビシッと決めるイメージを持っています。「バチェラー4」に参加したときもこのポジションが基本でした。

左上の「面白い」×「かっこいい」はバラエティ番組に出るときの自分です。

たとえばトレーナーとして出演するときは、プロの専門家として「かっこいい」面も見せつつ、親しみやすさも出すために「面白い」要素や、わかりやすい話を入れるようにしています。

右下の「まじめ」×「かわいい」は、年

上の経営者と接するときです。

年上の経営者に会うときは、まじめな姿勢を示しながらも、かわいげも出していくようにしています。

左下の「面白い」×「かわいい」は、「末っ子」のイメージ。相手がイジりやすいようなコミュニケーションを取ります。トーク番組に参加するときやプライベートで盛り上げなければいけない状況ではこのキャラクターを意識します。

求められるコミュニケーションによって、この軸のなかでどのポジションを取るかを選んでください。

キャラクターを移動してギャップを武器にする

さらに一つ強力なテクニックを紹介しましょう。

ずっと同じポジションにいるのではなく、あえて違うポジションへ一瞬だけ移動するのです。

キャラクターを移動する

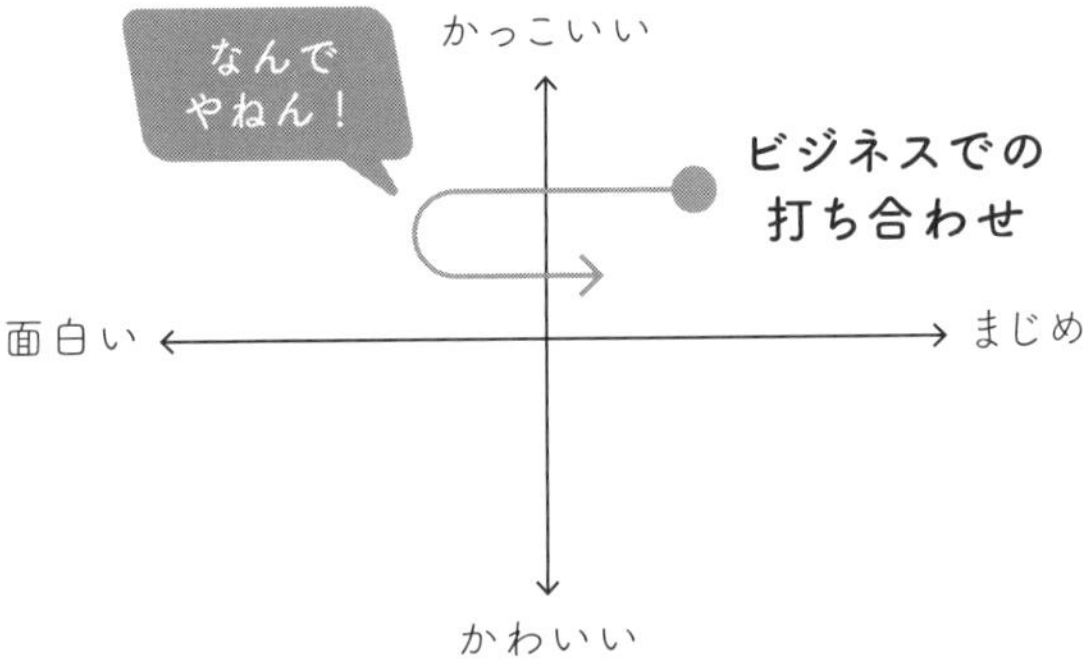

一瞬だけ違う面を見せてメリハリをつける

たとえば、ビジネスで打ち合わせをするときは、「まじめ」×「かっこいい」の仕事モードが基本です。しかし、タイミングを見計らって「なんでやねん」など関西弁を使うと、一瞬だけ「面白い」×「かっこいい」のポジションに移動することができます。

これがメリハリです。ずっと「まじめ」×「かっこいい」モードで会話をしていると、相手も緊張しっぱなしです。1時間も話すと疲れてしまいます。そんなとき、**一瞬だけ「面白い」面を見せることで、相手の緊張を緩和させられます。**このメリハリをうまくつけることで、コミュニケーションはより円滑になり、関係性も築きやすくなるのです。

このように、場面ごとに求められる「自分の役割」を想像してキャラクターを移動すると、さらに完璧なコミュニケーションが実現できます。

このテクニックを活用した「合コン必勝法」もあります。

みんなの前では、ふざけたことを言ったり、ゲームをやって「わーっ！」と叫んで盛り上げたりして「面白い」×「かわいい」キャラクターを貫きます。みんなから「バカだなぁ」と思われる程度でちょうどいいくらいです。

「面白い」×「かわいい」のイメージがついたあとに、帰る時間になったとします。そのとき、みんなが見ていないタイミングで気になる人に話しかけてください。

「今日、大丈夫だった？　俺、みんなの忘れ物がないか確認したあとに出るから、先に外で他の人と喋ってて」と言うのです。

これが実は効果バツグンです。「バカだなぁ」と思わせておいてから、突然「まじめ」×「かっこいい」の言動をすると、そのギャップに相手は思わずドキッとしてしまいます。

ずっと「かっこいい」を貫く必要はありません。あえて「かわいい」×「面白い」を基本のキャラクターにしておいたほうが、緩急によってよりかっこよく見せることが可能なのです。

私がお会いする投資家やビジネスパートナーの方には、私が出演した番組をご覧になっている方も多いので、私に対して「バラエティ番組に出てチャラチャラしている人」という先入観を抱かれていることが多くあります。

しかし、実際に起業家としての私のまじめな面を見たときにはその先入観がギャップを生み「黄さんは、事業家としてもちゃんとしてますね」と高く評価していただけるのです。

ギャップを生み出すことで距離を詰める

人気アイドルグループも同じ法則を使っていると思います。

バラエティ番組に出演するときは基本的に明るく、面白くてかわいいキャラクターなのに、いざダンスを踊ったら「キレキレ」で、カメラ目線もバシッと決めて「かっこいい」。そのギャップに惚れるんですよね。

もちろん逆のパターンもあります。

最初から「まじめ」×「かっこいい」にいる人が「かわいい」×「面白い」ゾーンに動くパターンです。たとえば高倉健《たかくらけん》さんのように「自分、不器用ですから」というような真面目で硬派な男性が、何かちょっと失敗をしたときに「てへっ」とやると一気に「かわいいおじさん」として親しみやすく感じます。

このテクニックはあなたにも使えます。

たとえば「パートナーのご両親に会いに行く」という場合は、「まじめ」×「かっこいい」キャラクターが基本です。

しかし、会ってしばらく会話をして「距離を詰めたい」と思ったら、「まじめ」×「かわいい」のほうへ一瞬移動するのです。

パートナーの両親の性格にもよりますが、「かわいい」や「面白い」キャラクターを出したほうが親しい関係が築きやすくなります。

キャラクターで差別化もできる

キャラクターの移動を意識することには、もう一つのメリットがあります。自分が所属するコミュニティのなかで、唯一無二のポジションを獲得することができるのです。他の人と被らない位置をねらってキャラクターを移動することで、有効な差別化ができます。

たとえば、私がコメンテーターとしてニュース番組に出るときは、「まじめ」×「かっこいい」が基本のキャラクターです。しかし、弁護士や元警視庁の方など他にも「まじめ」×「かっこいい」キャラクターの位置にいる人はたくさんいます。キャラクターが同じなら、私がコメンテーターをする価値はありません。

だから私は、「面白い」や「かわいい」の方向に移動して、できるだけキャラクターに抑揚をつけるようにしています。すると、他の人とも差別化できて「あの人は他のコメンテーターとは違うね」と見ている人の印象に残り、高く評価してもらえるようになるのです。

プレゼンが上手な人の共通点

緊張と緩和を意識すると、プレゼンテーションや会議もうまくいきます。

大切な会議であれば「それでは、全社会議をはじめます。これから1時間ほど、みなさんと真剣にお話ができればと思っております」と、普通はまじめにスタートさせるものです。

ここで**あえて、最初に「まじめ」から「面白い」へのギャップを入れましょう。**

「それでは、全社会議をはじめます。各部署の実績報告のあとに、◯◯さんの『絶対にすべらない話』をはさみ、最後に来期の目標について発表したいと思います」

まじめな会議がはじまるとき、全員が緊張しています。真剣なトーンのまま、突然「すべらない話」という冗談が出てくると緊張がほぐれるわけです。

プレゼンテーションが上手な人の共通点は、緩急のつけ方が上手なことです。必ず最初に笑いを取っています。

そして緩急をつけるコツこそ、キャラクターの幅を意識してあえて求められるキャラクターとは対照的なキャラクターを出すことです。

「かわいい」とは相手の下にもぐり込むこと

相手に「かわいい」と思わせるためにはどうすればいいでしょうか。

「萌え袖」をするなど、いわゆる「かわいい仕草」をすればいいわけではありません。

「かわいい」の定義は「相手の下にもぐり込むこと」です。

相手が心理的に優位に立てるよう、自分から弱い部分を見せていくことで「かわいい」と思わせることができます。

言葉を選ぶときも「相手が上で、自分が下」だとわかるように丁寧に喋りましょう。自分のミスをさらけ出して「この人も、こんな失敗するんだな」と思わせたり、「あなたがいないと困ります」と相手を頼って一時的に自分のランクを下げるような言動をすることで、相手に「かわいい」と思わせることができます。

「かっこいい」とは相手より上の目線に立つこと

逆に「かっこいい」とは相手から見てあなたのほうが心理的に上にある状態です。

ここでは、頼れる雰囲気をつくることがポイントになります。

常に弱みを見せず、断定するような口調でハッキリと喋り、「自分についてこい」と頼れる感じを出すと「かっこいい」と思われます。

「かわいい」「かっこいい」によって自分と相手の心理的な上下関係を調節し、ときに逆転させることで緩急をつけることが可能です。

たとえば、さきほどの合コンの例でも、最初は「バカだなぁ」と思わせるキャラクターで相手よりも心理的に下の位置にいます。でも、帰るときに「ここは僕に任せて」と言うことで相手より上の目線に立ち「全体が見えていて、頼りがいがある」ように思わせることで緩急をつけています。

心理的に下の位置から急に上の位置へ移動するので、ギャップによって強い印象を与えられるというわけです。

逆もまたしかり。たとえば、さきほど紹介したパートナーの両親に挨拶にいく場面で考えてみましょう。最初は自分の仕事やキャリアに対して堂々と「かっこよく」話すことが大切です。「結婚相手にふさわしい」と思ってもらえるように、頼りがいのある印象を出さなければなりません。

ただし、**ずっと「かっこいい」×「まじめ」のキャラクターだと、堅苦しい印象も与えてしまいます。心の距離もなかなか縮まらないでしょう。**

だからこそ、どこかのタイミングで「かわいい」と思わせることが必要なのです。

最初の挨拶が終わったあと、食事の席でお酒を飲んだとしたら「今日は本当に緊張しました。内心びくびくで、何を話したか覚えていません」など、笑いながら自分の弱みを見せていくことで、心理的に相手よりも下の位置に移動することができます。

キャラクターの移動は一瞬だけでいい

このキャラクターの移動は「一瞬」だからこそ効果があります。

移動したあと、ずっと同じ位置にとどまらないように気をつけてください。

さきほどのパートナーの両親への挨拶でも、「かわいい」「面白い」へ移動してから「まじめ」「しっかり」へ戻らないと、「本当は頼りがいがなくて、軽薄な人なんじゃないか。やっぱり結婚は認められない」と思われかねません。「かっこいい」×「まじめ」から「かわいい」×「面白い」へ基本の印象が変わってしまうからです。

また、あまり普段の自分と違うキャラクターを演じすぎると、「わざとらしさ」が出てしまいます。

基本は、いつものあなたらしいキャラクターの位置にいてください。

キャラクターの移動は「本来のキャラクターに戻る」からこそ効果があるのです。

その点を忘れないようにしてください。

超完璧な伝え方のコツ30

自分のキャラクターを決め、瞬間的に移動する

第5章

超完璧な「メール・LINE・SNS」のテクニック

31 メール・チャット・LINEが超完璧に伝わるポイント

激しく変化するテキストコミュニケーション

最後の第5章では、メール、Slack、LINEなどのテキストコミュニケーションのテクニックについて紹介します。

まず大前提として、メラビアンの法則を思い出してください。

テキストコミュニケーションでは対面や音声でのコミュニケーションとは違い、7％しか発揮されない「言語情報」が最重要となります。

そのため、合理的な文章で伝えるのが基本です。

テキストは履歴が残るので事実の確認にも向いています。さらに、思考を整理して

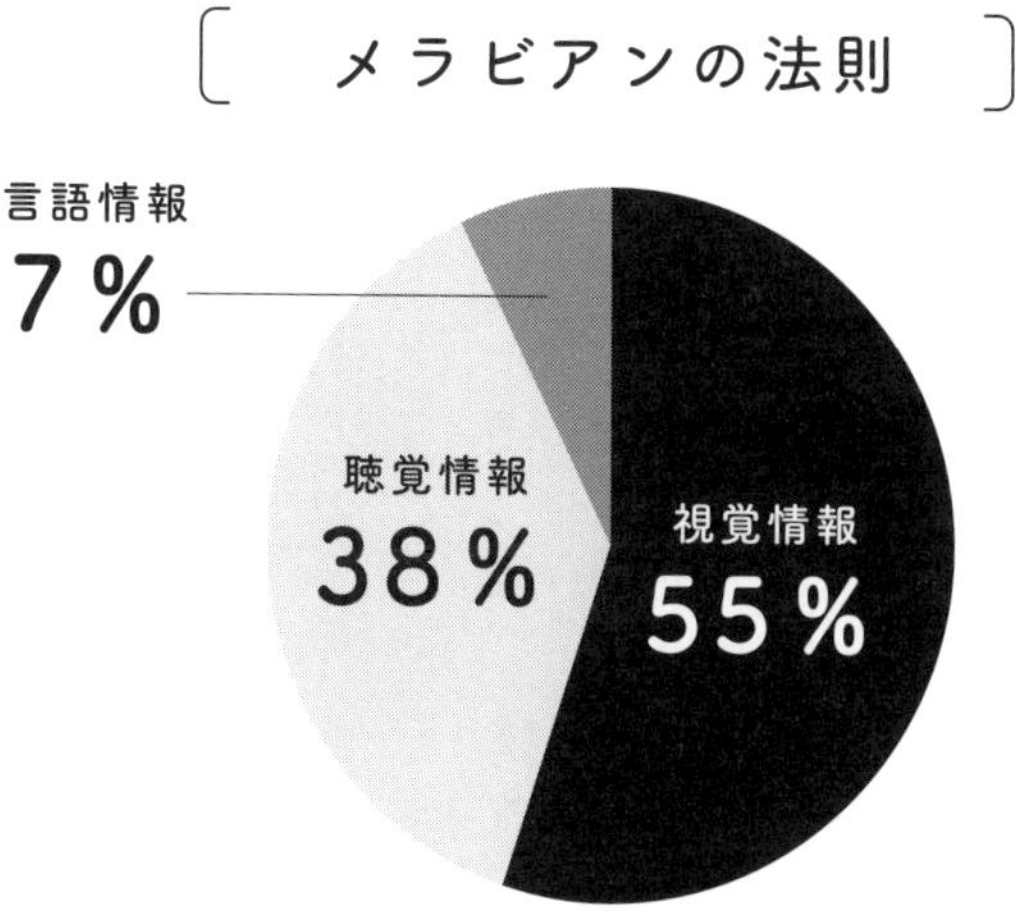

から文字で伝えられるというメリットもあります。

一方で、**視覚情報や聴覚情報が極端に少なくなるので、誤解や認識の齟齬が発生しやすいという欠点もあります。**

メールやLINEを送ったあと、「なんでそんな言い方をするの」「そんなつもりじゃなかったんだけど」とトラブルになった経験は誰にでもあるのではないでしょうか。

テキストしか伝わらないので、対面で伝えるよりも冷たく見えたり、きつく受け取られてしまうこともあるのです。

しかし、**現代のテキストコミュニケー**

ションでは、実は視覚情報や聴覚情報を伝えることができます。顔文字、絵文字、スタンプ、さらには効果音などもあるからです。

たとえば、「ありがとう」という一言についても、「ありがとう♡」「ありがとう☆」「ありがとう！」とハートマークやビックリマーク（エクスクラメーションマーク）をつけたり、顔文字やスタンプでより視覚的な表現をすることができます。

これは、対面コミュニケーションの「表情」にあたります。

プライベートではもちろんのこと、ビジネスシーンでも絵文字や顔文字、スタンプを使うことが多くなっています。仕事でSlackやＬＩＮＥを使う方はとくに感じているのではないでしょうか。

テキストコミュニケーションが「事実の羅列」から「感情の強弱」を伝えられる時代に変わりました。

目的を達成するために、テキストでも意識的に「感情」を表現しなければならない場面があるのです。

話すのが苦手な人ほど文章は武器になる

テキストコミュニケーションは時間を取って考えたいときに向いています。

口頭だと「自分で考えたことと違うことを喋ってしまう」ことや「話しているうちに何を言いたかったのかわからなくなってしまう」こともありますよね。

自分の思考を整理してから伝えたいときは、メールなどの文章にしたほうが相手にもよりうまく伝えられるでしょう。

これは、相手によく考えてもらいたいときも同じです。

口頭では色々な情報を伝えられるので、コミュニケーションが上手な人の話は「それっぽく」聞こえてしまうこともあります。でも「内容は大したことがない」場合もあるのです。

その逆で、**話すのが苦手な人は本当は多くのことを深く考えているのに、うまく伝えられないだけかもしれません。**

相手の思考を知りたいときは「文章で送ってください」とお願いするのがオススメです。

超完璧な伝え方のコツ 31

テキストでも忘れずに感情を表現する

32

これだけつければいい！超優秀な「笑」

たった1文字ですべてに保険をかけられる

テキストコミュニケーションで感情を伝えるといっても、すごい絵文字や特別なスタンプを使う必要はありません。私も基本的に使っているのは、次の4つです。

!!　↓肯定や熱意
?　↓疑問
☺　↓ポジティブ
🙏　↓お願い

使う絵文字はシンプルでいい

もう一つ、案外使いやすいのは、「笑」です。

すべてのコミュニケーションにこの1文字で保険をかけられます。

テキストコミュニケーションでは、認識の齟齬や誤解が生じやすく、うまい伝え方がわからない場面もたくさん発生するものです。

とはいえ、多少の齟齬であればあとから挽回することも可能です。

その挽回をしやすくするのが、この「笑」なのです。**「笑」をつけて送ることで、相手のリアクションがよくないと思ったら「冗談ですよ」と撤回することができます。**

仕事上のコミュニケーションであっても、私は部下や対等な関係の相手には「笑」をつけることがあります。

とはいえ、もちろん恋人とのLINEで「大好きだよ笑」など「笑」をつけすぎると「本当に私のこと好きなの？」とトラブルになりますので、注意してください。「笑」をつけるのは自信のないコミュニケーションに限定しておきましょう。

絵文字をつけられないときは「早さと量」で差をつける

もちろん、上司や取引先など絵文字をつけられない相手もいますよね。

そのような相手とはどのようにコミュニケーションを取るべきでしょうか。

尊敬語・謙譲語・丁寧語を正しく使うことは大前提として、それ以上に大切なのは返信の早さです。

返信の早さは関心度に比例します。

返信が早いほど「自分のことを重要に思ってくれている」と相手に感じてもらえま

す。

誰にでもできることですが、実はできていない人も多いので、返信の早さだけで一定の信頼を得られます。メールやメッセージにあふれる現代の特徴です。

また、絵文字がつけられない相手に対しては、文字数を増やすようにしましょう。たとえば、何かご馳走になったあとにメールでお礼を伝えるときに「本日はごちそうさまでした。ありがとうございました」では不十分です。本当に「ありがとう」と思っているのか、社交辞令なのか相手には伝わりません。

感謝の気持ちを伝えるためにも、文字数はできるだけ増やしましょう。

「本日はありがとうございました。お食事、とてもおいしくて感動しました。ご馳走になってしまい恐縮です。○○さんのお話も非常に勉強になりました。色々なお話ができて、本当に嬉しかったです。誠にありがとうございました」

ポイントは、自分の感情を言葉にすることです。

「おいしい」「感動した」「嬉しい」というポジティブな感情表現はとくに文字を増やしましょう。また、「ありがとうございました」は冒頭だけでなく、文末にも入れて繰り返しています。

テキストで感情を伝えるのは口頭よりも労力がかかりますが、その手間さえ惜しまなければ相手の印象にもしっかり残るものです。

超完璧な伝え方のコツ 32

「笑」をつけることで保険をかけておく

33 フォロワーが超増えるSNS運用のコツ

SNSでのコミュニケーションが難しい理由

この本を手に取ってくださった方のなかには、SNSで発信をしている方もいると思います。

私も、Instagram、Twitter、YouTube、TikTokを使っています。SNSでのコミュニケーションはとくに難しいものです。それは、5W1Hが人によって変わってしまうからです。

相手が一人であれば、相手と自分の5W1Hについて考えればよかったのですが、SNSでは不特定多数の相手に発信することになります。5W1Hを定めることができないので相手に合わせた「八方美人」が難しくなるのです。

自分が何かを発信したとき、「いいね！」と称賛してくれる人もいれば、反感を抱く人もいます。受け取る相手によって、発信の意味が１８０度変わってしまうのです。

だから、ＳＮＳで発信する大前提として「誰に何をなぜ届けるのか」自分の目的を明確にしておきましょう。

「この投稿をすると、Ａの人たちから賛同を得られるけれど、Ｂの人たちからは批判がくるかもしれない」という場合は、目的がＡからの賛同であれば、Ｂからの批判は受け入れるという態度を取ると心に決めておくことです。

そもそも、この世の人間すべてが賛同する意見は存在しません。全員からの賛同を得ようとすると、何も発信できなくなってしまいます。

だからこそ**「得たいもの（目的）」を決めたら、そのために「捨てるべきもの」も一緒に決めてください。**

発信する情報は一つに絞る

SNSを「見る専門」や「ストレス発散」などの目的だけではなく、フォロワーを増やして有効に活用したいと思ったとき、大切なのは「発信する内容を絞ること」です。

たとえば、私もよく見ているTwitterアカウントがTestosterone(@badassceo)さんです。

「Testosteroneさんは「筋トレがすべてを解決する」という発言を毎日投稿していますす。言い方を変え、表現を変え、実例やデータも交えながら、とにかく毎日、何度でも同じテーマについて発信しています。その結果、2023年1月の時点で198万人を超える人にフォローされています。

「このアカウントは何の情報を発信しているのか」が見ている人にとってわかりやすくなるように、投稿する内容やプロフィールの情報は絞りましょう。

Instagramでは、大原則として投稿しているアカウントの信頼度や、フォロワーとのエンゲージメントが高まるほど、拡散性が高くなります。

投稿に対する保存数が多かったり、投稿に対する滞在時間が長かったり、投稿ごとにフォロワーとのコメントが活発だったりすると、優良アカウントとして見なされやすいのです。

たとえば、「スタートアップ業界」の人にフォローしてもらいたいのであれば、最新のスタートアップの経済状況を調査して発信していくのは効果があると思います。フォローする人が明確になりますし、「情報収集ツールとして使える」というメリットも提供できるからです。

オススメはInstagramの「ストーリーズ」

私はInstagramの「ストーリーズ」を頻繁に投稿しています。

これには実は、見てもらうことの他にも目的があります。投稿が見られなくても、自分に対する親近感を高められるのです。

どういうことか。Instagramを使っている人は1日に2、3回はアプリを開きます。

「ストーリーズ」のよいところは、投稿すると画面の左上に自分のアイコンが現れる

Instagramの「ストーリーズ」で親近感を高める

あなたのアイコンを見る回数が増える

ことです。

つまり、毎日ストーリーズを投稿すると、毎日フォロワー全員のスマホに顔を出すことができるのです。

これを続けることで、単純接触効果によって親近感は高まります。私は「親近感マーケティング」と呼んでいます。

SNSは「テレビ局」のつもりで運用する

SNSで投稿する目的が、多くの人に何かを紹介して「知ってもらいたい」「買ってもらいたい」という場合もあると思います。

そんなときは、自分のアカウントを「テレビ局」のつもりで運用してください。

テレビ局はスポンサーからの広告料で儲かっています。

でも、「朝から晩まで広告ばかり」というテレビ局はありません。当たり前ですが、そんなチャンネルはほとんど誰も見ないからです。

ところが、SNSを見ると、自分が関わった商品やお店の紹介、宣伝の投稿ばかりになってしまっているアカウントはたくさん見られます。

「宣伝」の前に必要なのは、アカウントを「見てもらえる」投稿を続けることです。

視聴率が取れる番組をつくるイメージを持ってみてください。多くの人に見られる番組をつくるほど、SNSの側でもそのアカウントを拡散しようとするものです。

たとえば、私のSNSでは「バチェラーの続きとしてプライベートの近況」「思考や感情の言語化」「オススメの商品」「悩み相談」などを提供しています。これは色々な投稿を試していった結果、反響が大きかった人気番組だけを残しているようなものです。

その番組の合間に、伝えたい思いや会社のサービスに関する投稿を少しだけしています。みんなが見てくれているからこそ、宣伝の効果も生まれます。あくまでメインはみんなが見たい「番組」です。

このバランスを忘れないようにしてください。

アンチはあなたの永久的ファンの潜在顧客になる

SNSで投稿をしていると、あなたに否定的なコメントをしてくる「アンチ」の人が出てくるかもしれません。

アンチに対しては、ブロックをするのが一般的です。もちろん、それは正しい対処の方法だと思います。

私は、アンチの人ほど投稿者に対する熱量が高いと考えています。

だから、私はアンチの人をブロックせずにSNSの投稿を続けるようにしています。アンチの人ほど、実はある瞬間に「永久に応援してくれるファン」に変わる瞬間があるからです。

一部のアンチの人のコメントに対しては、「ご指摘ありがとうございます。おっしゃることもわかります。ただ、私としてはこのような考えを持っているのです」と

Instagramのストーリーズなど、SNS上で自分の考えや意見を公開し、できるだけ向き合うようにしています。

またアンチの人に対する意見をオープンに表明することで、応援してくれるフォロワーの方も味方になってくれます。投稿者とフォロワーの絆をより深めることができるのです。

超完璧な伝え方のコツ 33

みんなが見たい情報の合間に伝えたい情報を挟み込む

34

SNS最強のメリットは自己認識のアップデート

SNSをすることで自分を客観的に見ることができる

SNSを使う大きなメリットは「新しい自己認識」ができることです。

誰でも「私はこういう人間だ」という自己認識を持ちながら生活しています。しかし、SNSに投稿した反響が自分の予想通りになることは、ほとんどありません。想像以上に「いいね!」がついて絶賛されることもあれば、思いもよらない意見で批判されることもあるでしょう。私も実際に、何度も経験しています。

でも、そのたびに、**想像していた自分とは違う、新しい自己認識ができるようになります。**他者からの評価を通じ、自分がよく見えるようになるのです。

SNSで予想以上に評価された部分については、自信を持てます。批判された部分については、客観的に考え直してみます。

その結果、「自分で認識していたより、弱い部分かもしれない」と思ったら、弱みだと認めればいいだけです。

私もSNSを通じて「弱い部分がある」と認められたことで、「人に勝てる部分と、勝とうと思わなくていい部分」を見極められるようになり、以前より強くなれたと感じています。

SNSでの反響は「他者から見たときの客観的な自分」なので究極のメタ認知として活用してください。

自分がどのように見えているのか、自己認識をアップデートすればするほど、SNSのフォロワーも増えていきます。

それだけではなく、リアルでのコミュニケーションもより完璧にできるようになります。

いま、ＳＮＳを使っていない人も、これを機会にぜひ、はじめてみてください。

超完璧な伝え方のコツ34

他者からの評価を集めるためにＳＮＳをはじめてみる

おわりに

あなたはすでに、「超完璧な伝え方」を身につけています。

これでもう、なんの心配もいらない！

とは、決して思わないようにしてください（笑）。

「はじめに」でお伝えしたように、コミュニケーションに対する悩みや臆病さこそ、「超完璧な伝え方」の源泉です。

私も自分のコミュニケーションが完璧だとは、決して思っていません。いまでも仕事やプライベートで失敗することは多々あります。

しかし、だからこそ、いつまでもコミュニケーションに対して真剣に向き合い、常に伝え方を磨き続けようと思えるのです。

本書のなかでは、伝え方のテクニックをたくさん紹介してきました。

細かな技術をすべて覚えていただく必要はありません。

一つだけ、ぜひ心の片隅に残しておいていただきたいのは、**「あらゆるコミュニケーションをする前に、自分の目的を明確にすること」**です。

その意識を持つことで、伝わらないコミュニケーションは劇的に少なくなり、あなたの人生はより充実したものになります。

最後に私からあなたにお伝えしたいのは**「考えたことを自分の中に留めず、他人に伝えてほしい」**ということです。

きっとあなたにも、色々なことに悩み、考えてきた経験があると思います。

しかし、自分のなかで考えているだけでは、残念ながら何にも結びつきません。

「伝わらないことは、なかったことに等しい」のです。

せっかく必死に考えたことは、自分の内側に留めず、どんどん外に出し、まわりの人たちに伝えてください。

思考や信念は他人に伝えることではじめて価値が生まれます。

その結果、あなたの人生だけでなく、まわりの人も世の中も、どんどん豊かになっていくのです。

そしてあなたはすでに、それを実現する「超完璧な伝え方」を手にしています。

この本を最後まで読んでいただき、本当にありがとうございました！

いつかどこかで、あなたとコミュニケーションができる日を心から楽しみにしています。

黄皓

[著者]
黄　皓（こう・こう）
4代目バチェラー
ミラーフィット株式会社代表取締役
中国湖南省出身。10代で来日し、早稲田大学卒業後、三菱商事に入社。貿易事業を担い、メキシコに駐在する。その後独立し、日中において北米・アフリカからの資材輸入を行う貿易物流会社の代表取締役、全国で20店舗以上を展開するパーソナルジムの経営者を務める。2020年7月にミラーフィット株式会社を創業。スマートミラーデバイス「MIRROR FIT.」を通して、オンラインフィットネス事業を展開。3社で200名以上を束ねる経営者として活躍する。2020年、Amazon Prime Videoの大人気恋愛リアリティショー「バチェロレッテ・ジャパン」に参加。パートナーの最終候補となる。2021年「バチェラー・ジャパン シーズン4」にも参加し、注目を集める。地上波放送をはじめ、雑誌、WEBなど多数のメディアに出演。著書に『異なる勇気』（KADOKAWA）がある。

超完璧な伝え方

2023年2月28日　第1刷発行
2023年4月11日　第3刷発行

著　者――黄　皓
発行所――ダイヤモンド社
〒150-8409　東京都渋谷区神宮前6-12-17
https://www.diamond.co.jp/
電話／03·5778·7233（編集）　03·5778·7240（販売）

カバーデザイン―小口翔平・阿部早紀子（tobufune）
本文・図版デザイン―小林祐司
DTP・校正―RUHIA
製作進行――ダイヤモンド・グラフィック社
印刷・製本―三松堂
編集担当――林拓馬

ISBN 978-4-478-11702-6